（第五册）

# 古玉圖譜

电子科技大学出版社

# 第五册目録

# 古玉圖譜

十四

宋淳熙敕編古玉圖譜第八十冊

古玉夔龍彝

右彝高低大小如圖玉色翠碧無瑕彝身刻
蟠虁間以雷文最為縟麗諸彝中此為文章
特茂先周之物也

# 古玉伯映彝 銘十字

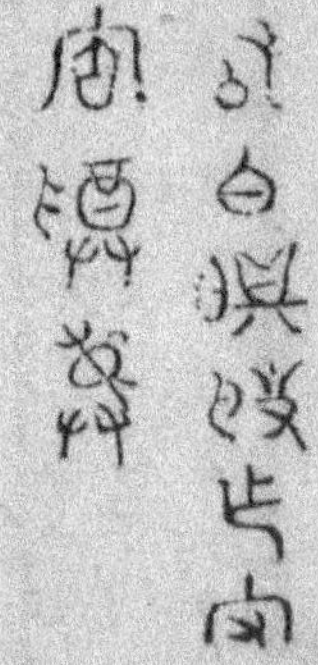

右伯映作宗寶尊彝

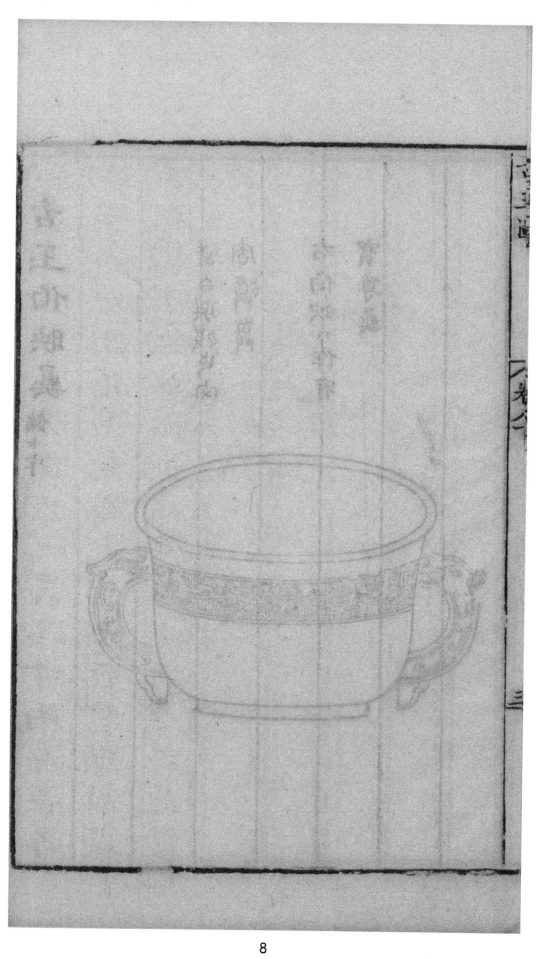

右彝高六寸八分圓徑一尺二寸兩耳長各二寸八分玉色瑩白璊斑純紫脰間瑑刻風雲之文中設獸面最為奇特此周秦之遺器也

古玉高足彝

右彝高低大小如圖玉色甘黃無瑕瑑刻腹間足上飾以夔龍制度簡朴晚周之器也

古玉夔龍直紋彝

右彝高低大小如圖玉色甘青璊斑匀點彝身脰間飾以夔龍腹上百稜直起制度古雅先秦之物也

# 古玉叔彝 銘六字

○叔作寶
尊彝

右彝高低大小如圖玉色微紅無瑕瑑刻夔
龍饕餮之文最為華美必漢人所為者也

古玉垂花彝

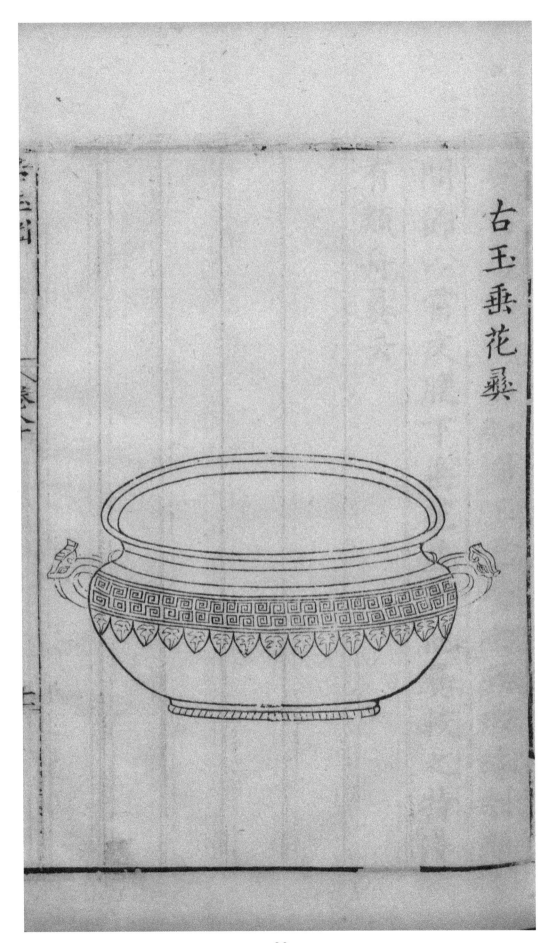

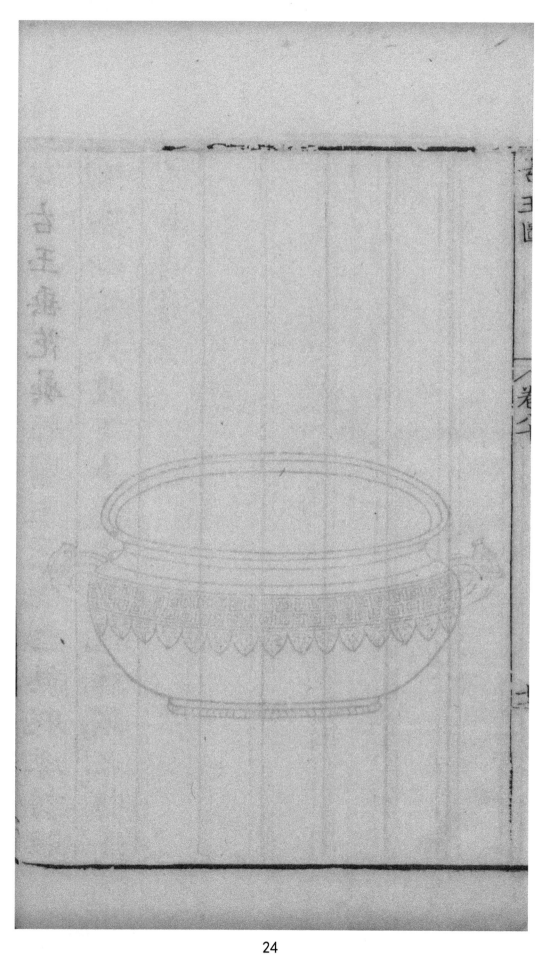

右彛高低大小如圖玉色瑩白無瑕琢刻胝
間飾以雷文腹下垂花並列他彛較之特淺
有類舟彛云

宋淳熙敕編古玉圖譜第八十冊　終

宋淳熙敕編古玉圖譜第八十一冊

古玉兕敦

右款高低大小深淺如圖玉色瑩白璊斑匀布周身刻以蟠虬間以雷文華麗無比真盛周之寶也臣謹按博古圖云若乃敦者以制作求之則制不同上古則用瓦中古以金或以玉飾或以木為以形氣求之設蓋者以為會無耳足者以為簠以名求之或以為土簋或以為玉敦以用求之或以盛血為尸盟者之所執或以盛黍稷為内宰之所贊以數求

之明堂位曰有虞氏兩敦小宰則曰主婦執一金敦黍此敦之制度設用可考禮經曰諸侯會盟主者則執珠盤玉敦珠盤以珠飾盤承牛耳者玉敦以玉飾敦盛血者也然則玉敦之名其来久矣

# 古玉雁侯敦

古玉[illegible]

右敦高低大小如圖兩耳有蓋玉色甘青無瑕周身瑑刻雷文蓋刻亦同觀其制作實周器也

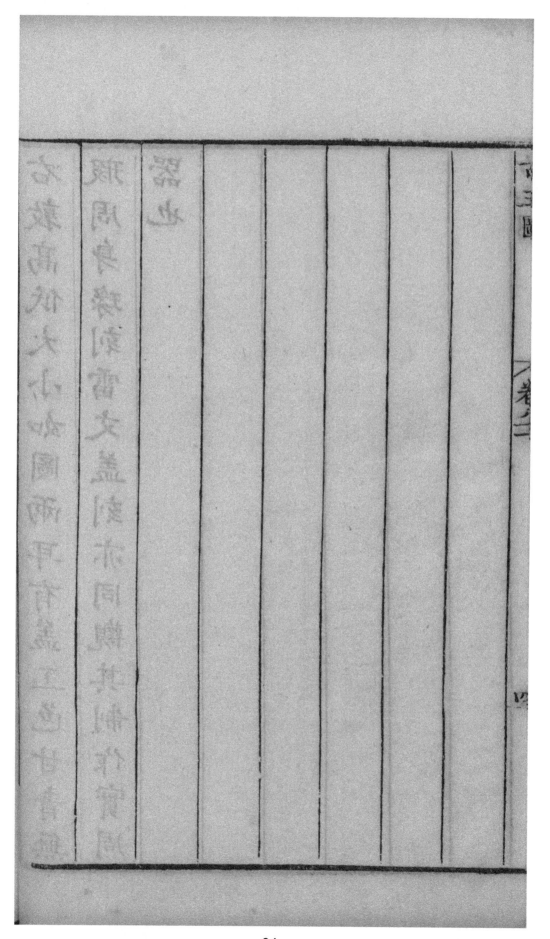

古玉毛父敦

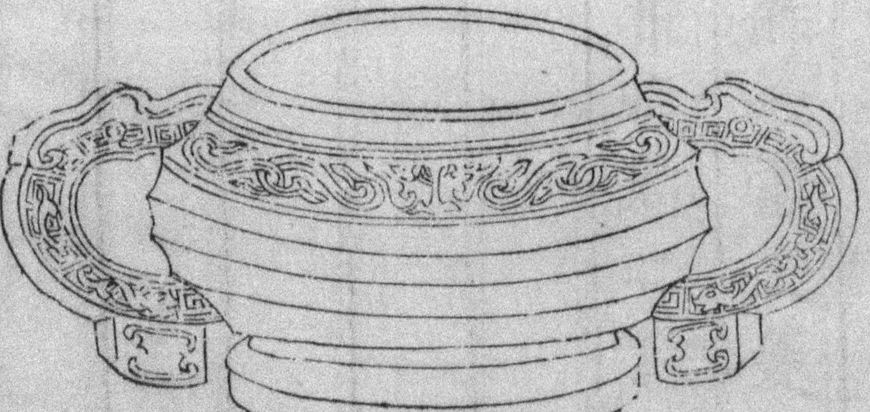

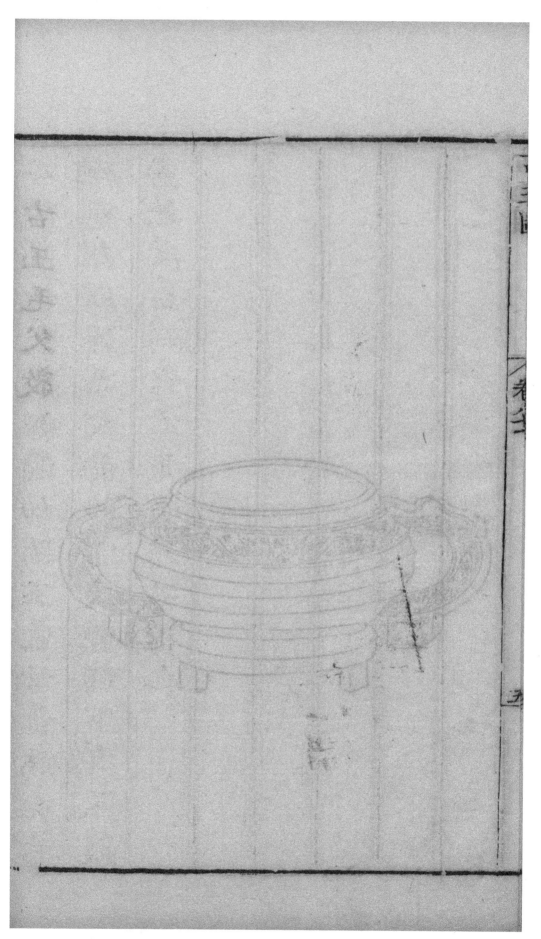

右敦高低大小深淺如圖玉色甘黄璊斑赤
暈璏刻脰耳之間飾以雷文夔螭下有承盤
上缺其盖制作古雅晩周之器也

古王剌公敦

右敦高低大小如圖玉色淡碧璊斑勻整如灑絳雪敦制兩耳四足下有承盤上鈌其蓋瑑刻脰足兩耳作蛟螭之文朴雅可玩乃晚周之器也

# 古玉虡敦一

周虡作
旅車敦

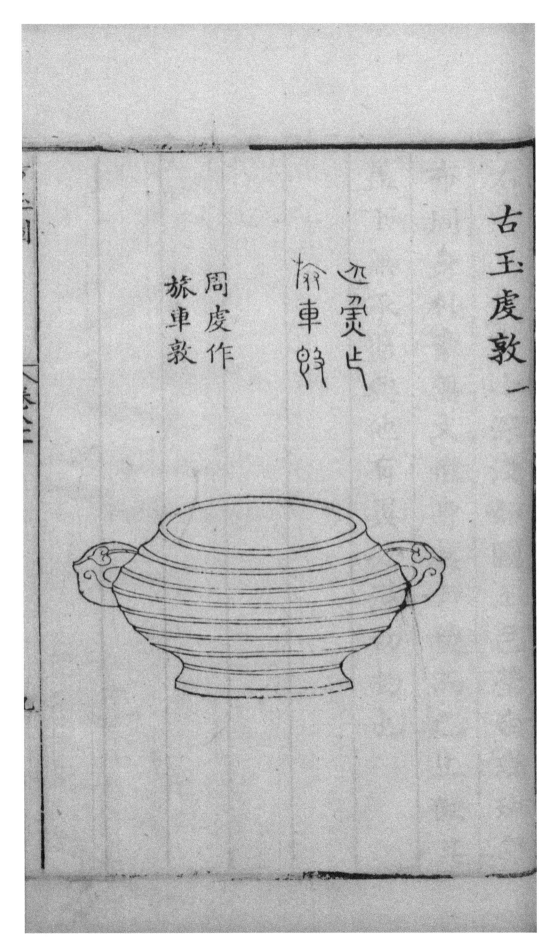

右敦高低大小深淺如圖玉色瑩白璊斑勻布周身朴素無文惟身起六稜而已上缺其蓋下無承盤與他有異必漢初物也

古玉虡敦 一

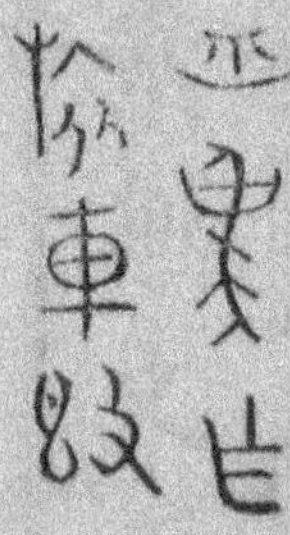

周虡作旅車敦

右敦高低大小深淺如圖玉色甘黄璊斑與菭花閒錯紫翠相宣如錦如綺此敦制度迥別他敦上無覆蓋下乏承盤而侈口坦腹周身朴素無文兩耳外乗以螭為飾亦敦之變式也周器無疑

宋淳熙敕編古玉圖譜第八十一冊 終

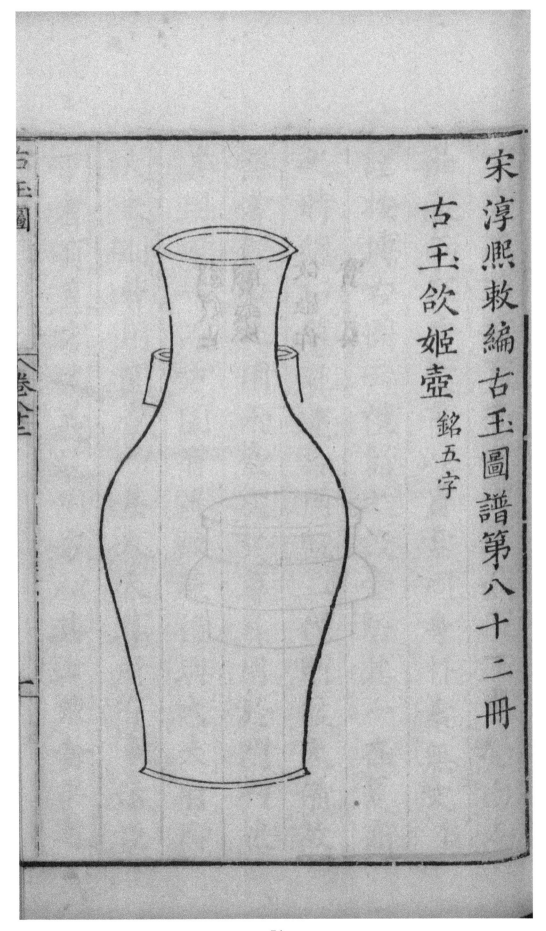

宋淳熙敕編古玉圖譜第八十二册

古玉欽姬壺　銘五字

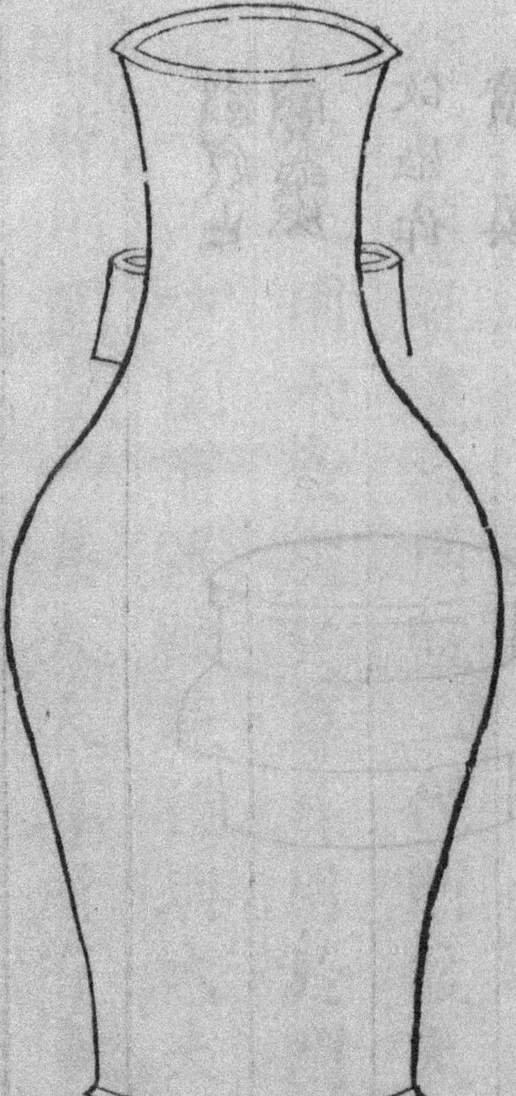

啟姬作

寶彝

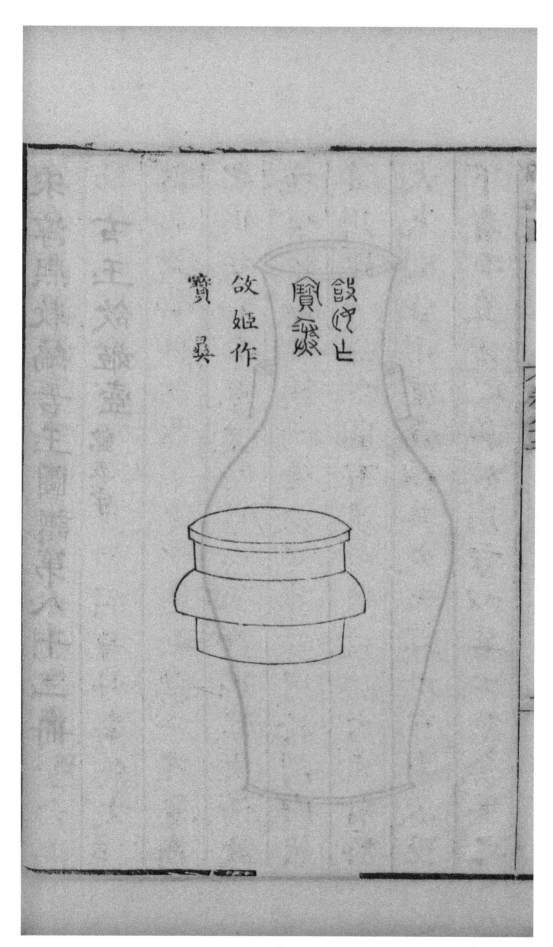

右壺兩耳有蓋高低大小如圖玉色瑩白而晶澈兩耳中空可以貫索周身朴素無文臣謹按博古圖云禮器之設壺居其一在夏商之時總曰尊彝逮於周監二代則益大備故烝嘗饋獻凡用兩壺次於尊彝用於門内然其用雖一而方圓有異故燕禮與大夫射鄉大夫則皆用圜壺以其大夫尊所有事示臣下者有直方之義故用方以其士旅食卑之

所有事示為士以順命為宜故用圜壺之方

圜蓋見於此至於聘禮梁在北而八壺南陳

梁在西而六壺東陳且詩言韓侯取妻亦曰

清酒百壺壺非特宗廟之器凡燕射昏聘皆

得用之此壺蓋周器也

古玉獸耳方壺

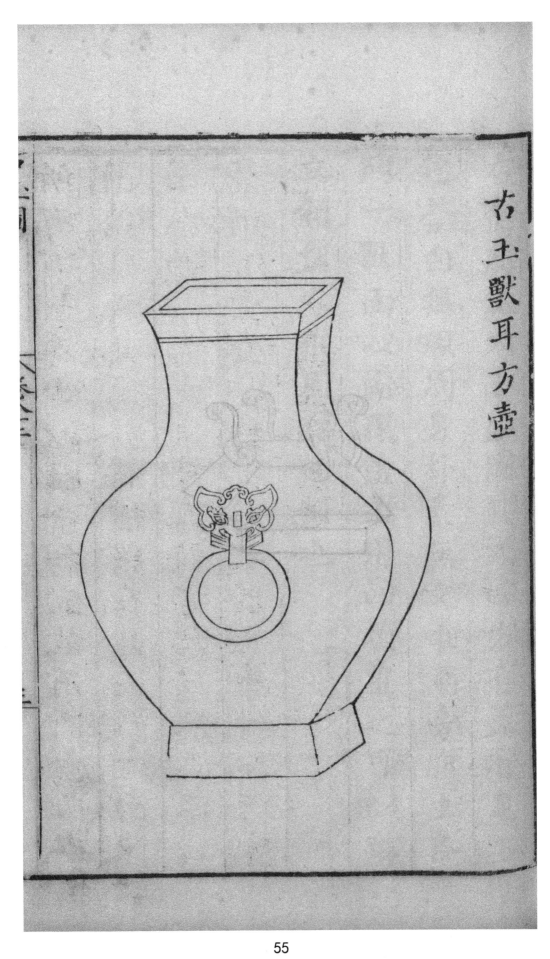

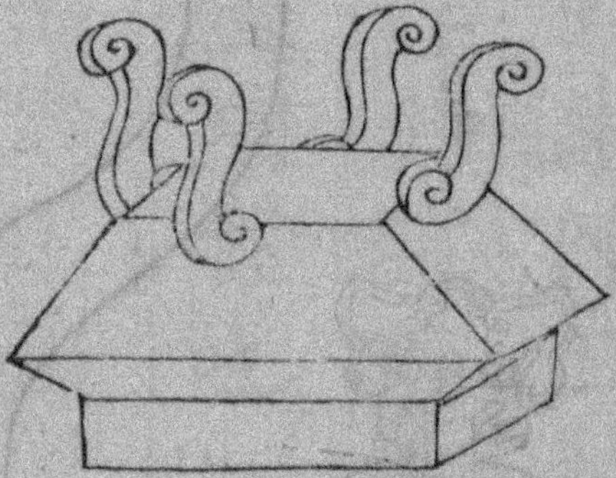

右壺高低大小如圖其式四方有蓋有足玉色瑩白無瑕周身朴素無文唯兩旁腹上各列一獸面以銜環蓋上用四足覆之可以蹲立制作大雅周之佳制也

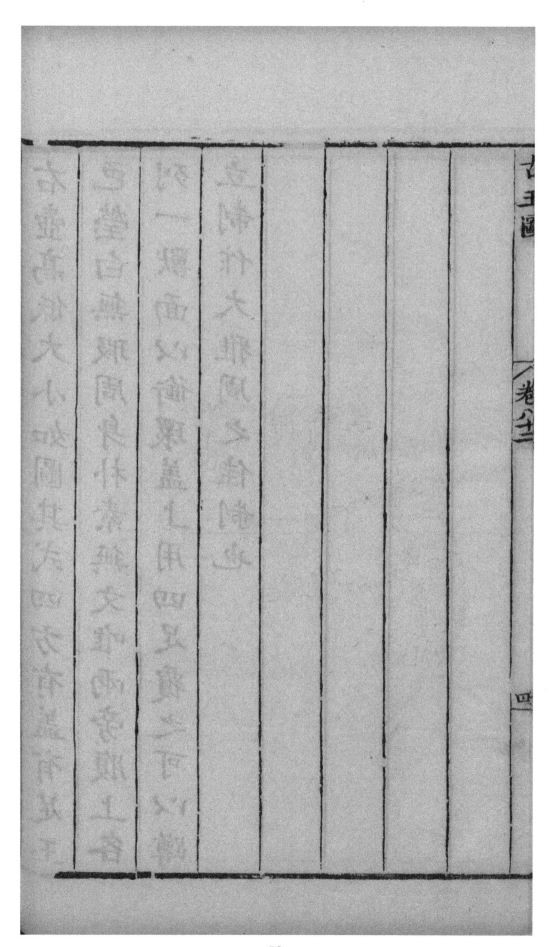

古玉絡圜壺

蓋

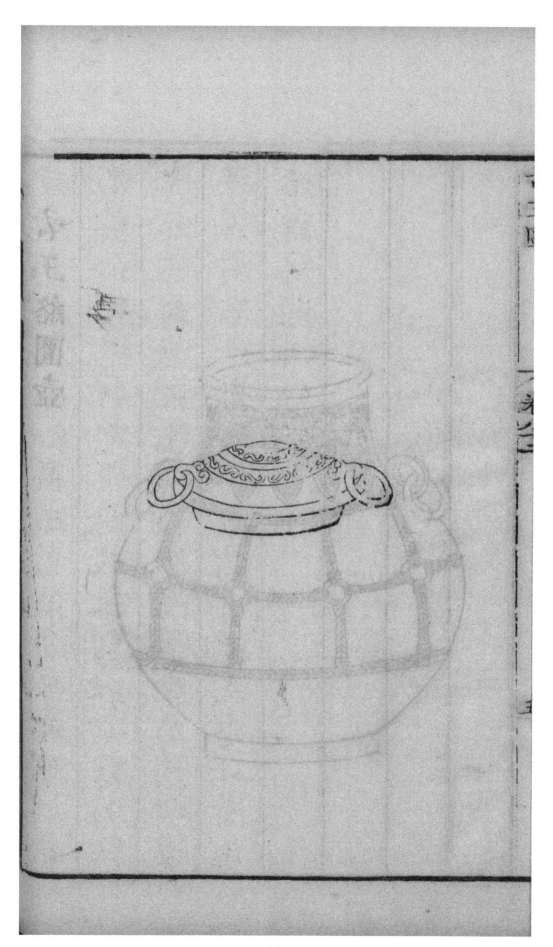

右壺高低大小如圖玉色淡黄無瑕瑑刻壺脰飾以夔龍下列垂花腹上刻以綯索圜絡相維蓋飾獸面銜環復瑑雷篆壺肩列以連環左右各一考之博古諸書此式出自漢廷殆魏晉間所倣制者乎

# 古玉小匾壺

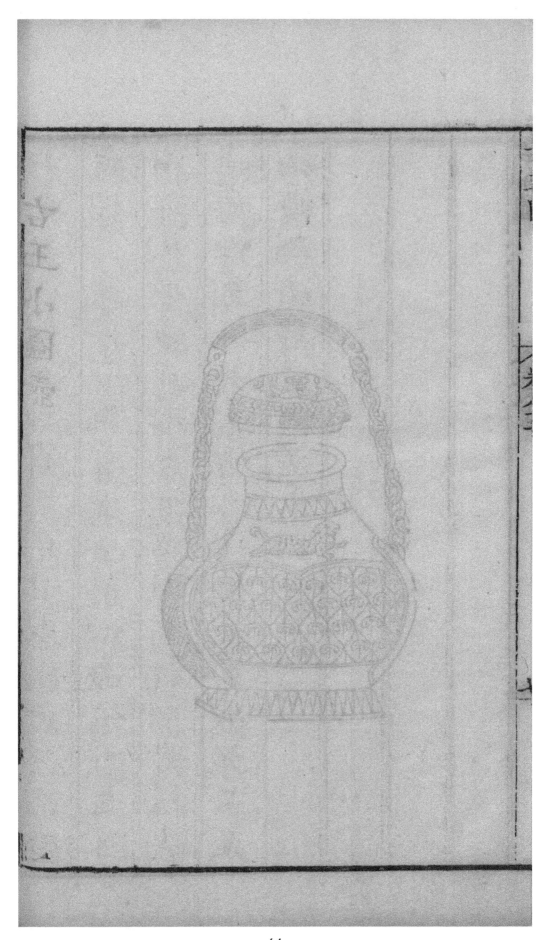

右壺高低大小如圖玉色甘青璊斑丹赤壺式圜而微匾有蓋有提梁梁以連環貫之可以起伏璏蓋飾以異獸與脰間所列者同腹上飾以奇文如雲雷之狀考之博古錄云此為漢制必魏晉間所倣制者歟

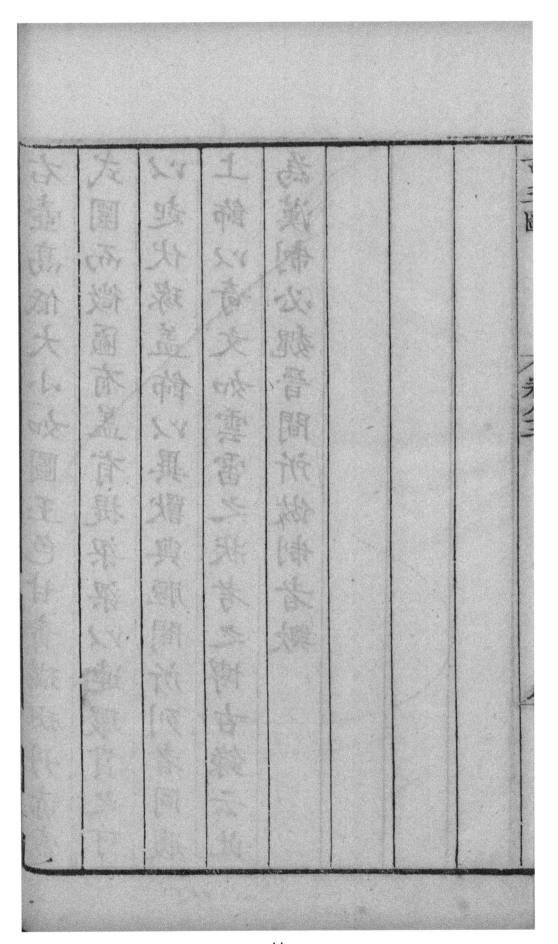

古玉素温壺

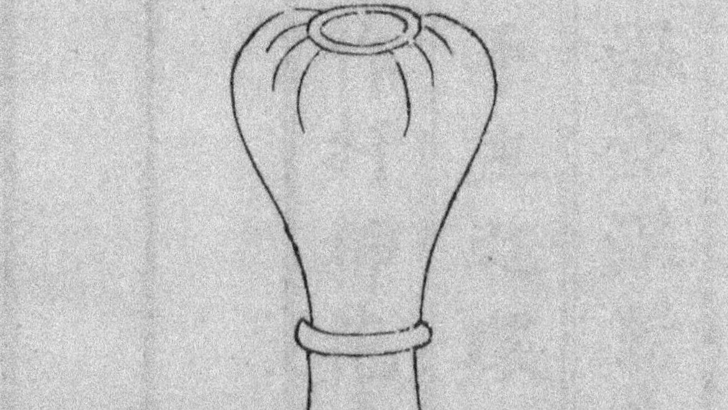

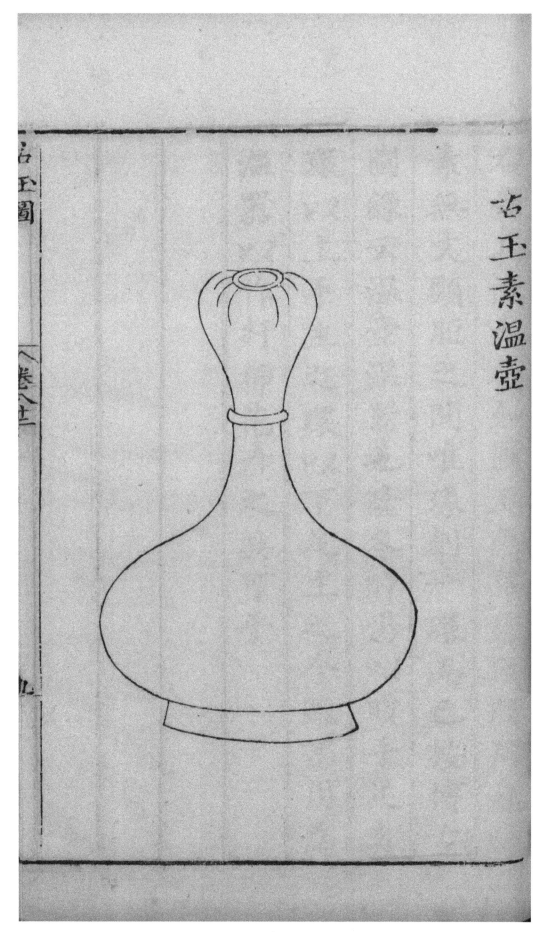

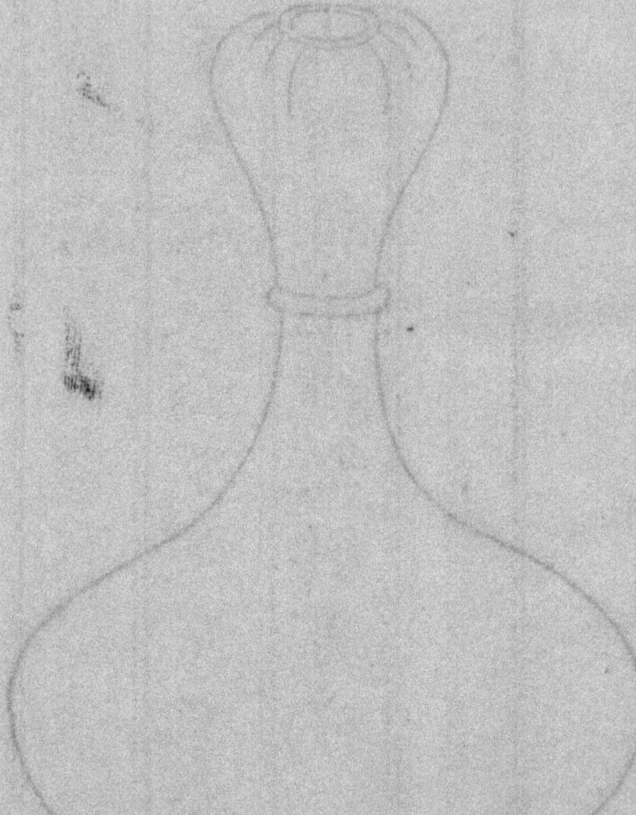

右壺高低大小如圖玉色翠碧無瑕周身朴素無文頸脰之間唯瑑刻一環而已按博古圖錄云温壺温器也隆冬貯湯以暖手足者環以上手主之環以下足主之今雖不用為温器以作扦插花卉之具可乎

右溫壺高低大小如圖已上類皆無耳周身朴素無文頸腹之間僅飾一環而已按博古圖錄云溫壺溫器也謹參詳溫以暖手況考環以上手主之環以下足主之今雖不用為溫器以作扦插花卉之具可乎

古玉匏壺

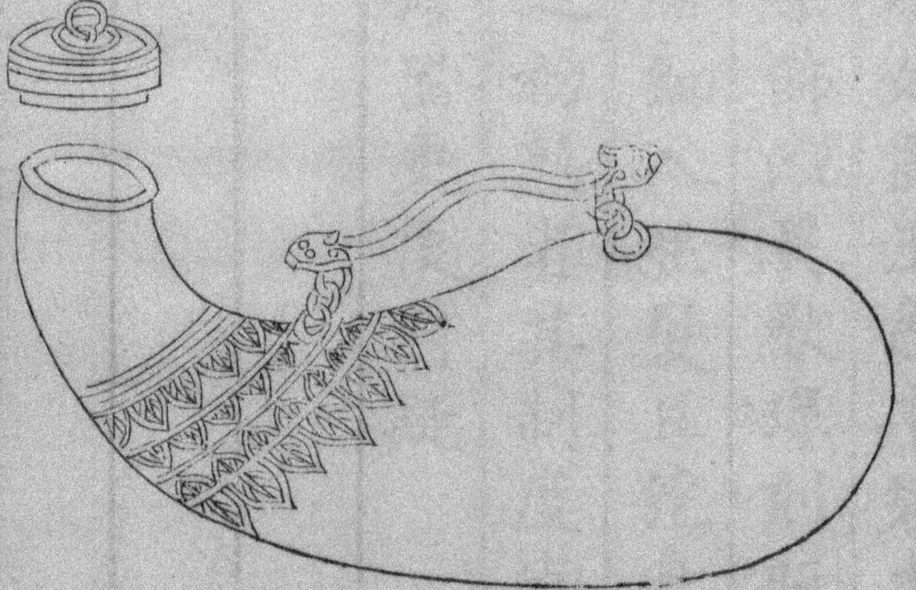

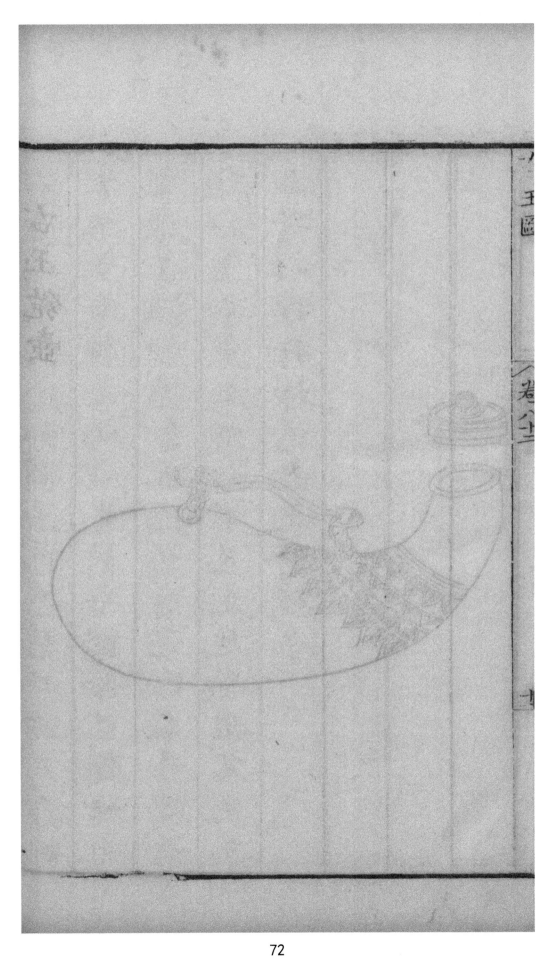

右壺長短大小如圖玉色半碧半黄式作匏形有蓋有提梁飾以異獸瑑刻脰間遍作匏葉其莖脉梗蔕細入絲髮且匏身玉色黄碧相參儼如匏之初熟者其制度肖生真良工心苦也漢廷珍器更復何疑

宋淳熙敕編古玉圖譜第八十二冊 終

宋淳熙敕編古玉圖譜第八十三冊

古玉雷文螭首挈壺

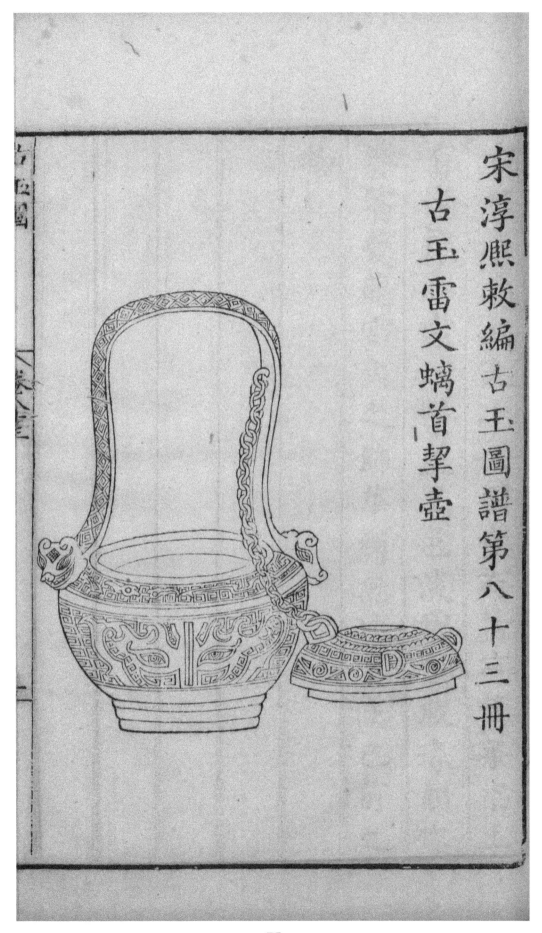

右挈壺高低大小如圖壺有蓋有提梁梁上有連環小索以繫蓋玉色淡碧無瑕瑑刻作饕餮虁龍雷文之飾華縟無比秦漢已前之物

古玉螭耳方壺

右壺高低大小如圖玉色瑩白無瑕壺式四方兩耳有環脰間飾以蟠虬足上以雷文並列兩耳以螭項下銜環制度簡朴東周之器也

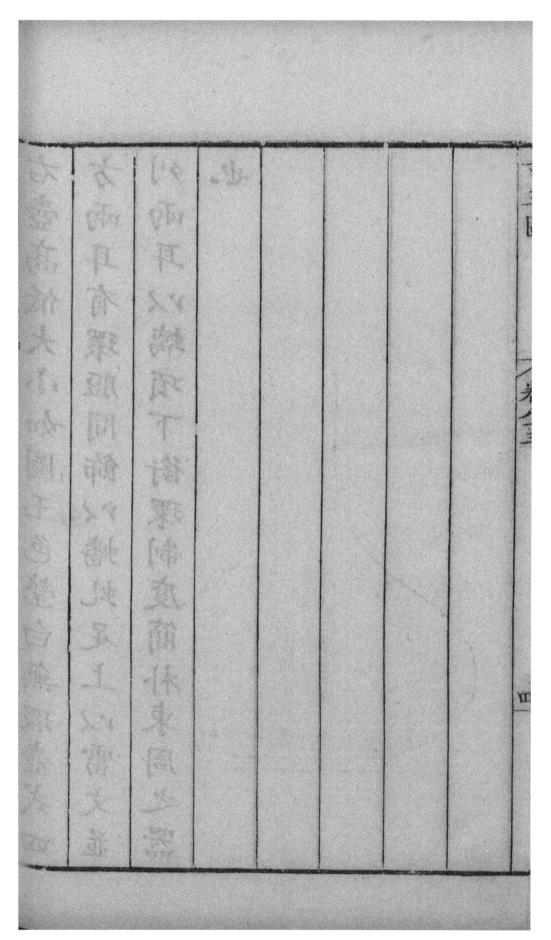

古玉鳧壺

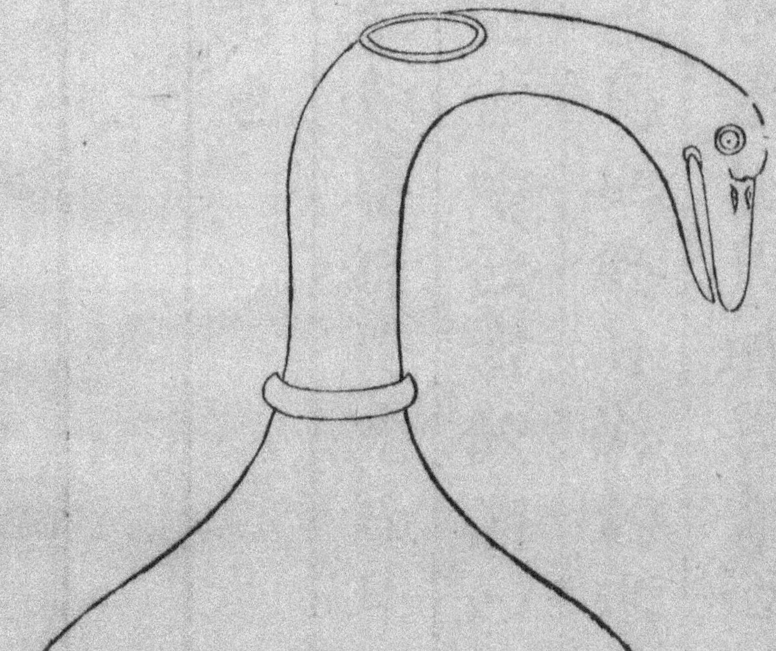

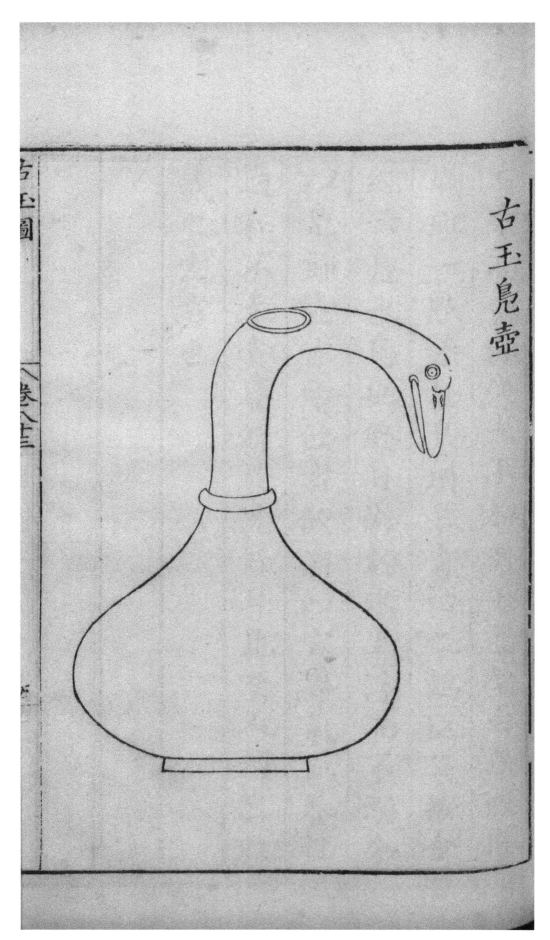

右壺高低深淺大小如圖玉色瑩白無瑕惟璊斑一點染於鳧項若青田之鶴臣謹按禽經云鳧水鳥也終日游於水上浮而不溺今以鳧飾壺亦喻飲者飲酒以宣導氣血養性適和不至貪饕溺於沈湎耳此漢人制器取義之宜者也

# 古玉罍壺

古玉拳壺

右壺高低大小如圖玉色微黄無瑕壺式如匏旁有螭耳而缺其盖腔閒飾以雷文腹上瑑刻麐甲古雅可玩

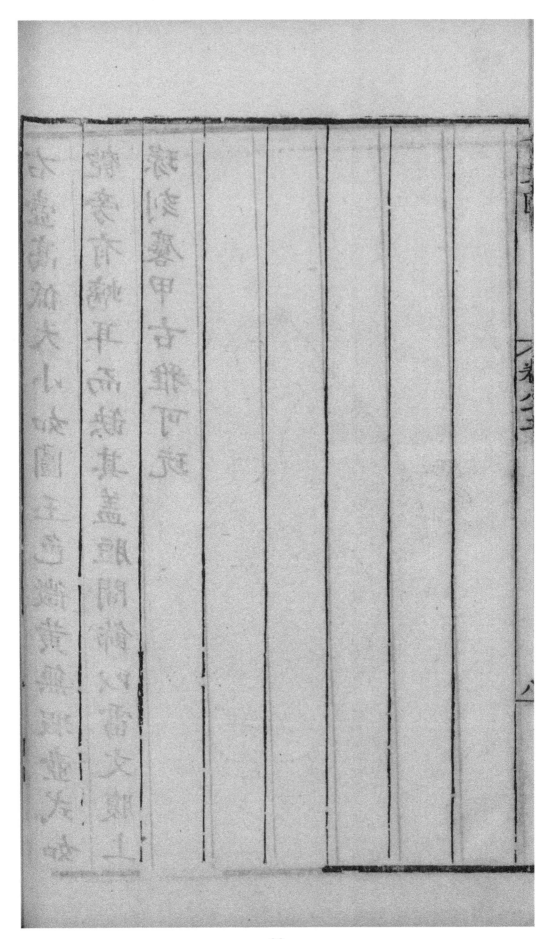

古玉鳳環缾

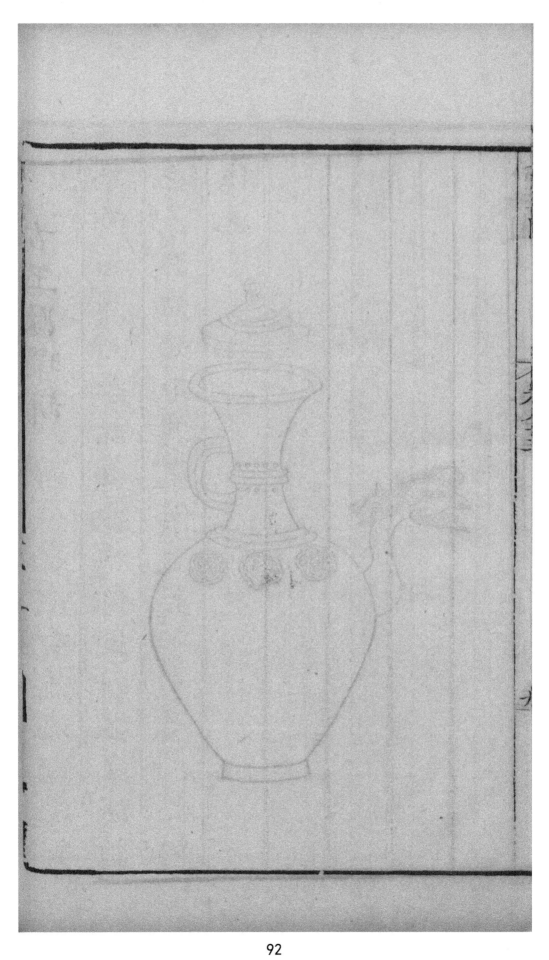

右鉼長短大小如圖鉼有環有流流以鳳首為飾脰間以連珠皮毬為飾夫瓶亦盛酒器也以鳳飾流取其来儀之義乎亦漢人之制作也

古玉螭首瓶

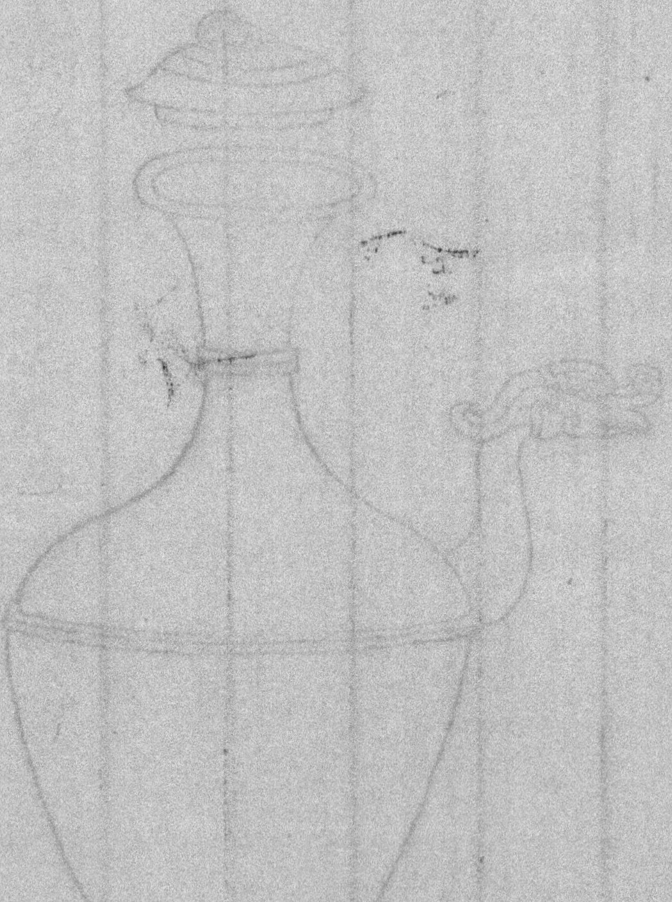

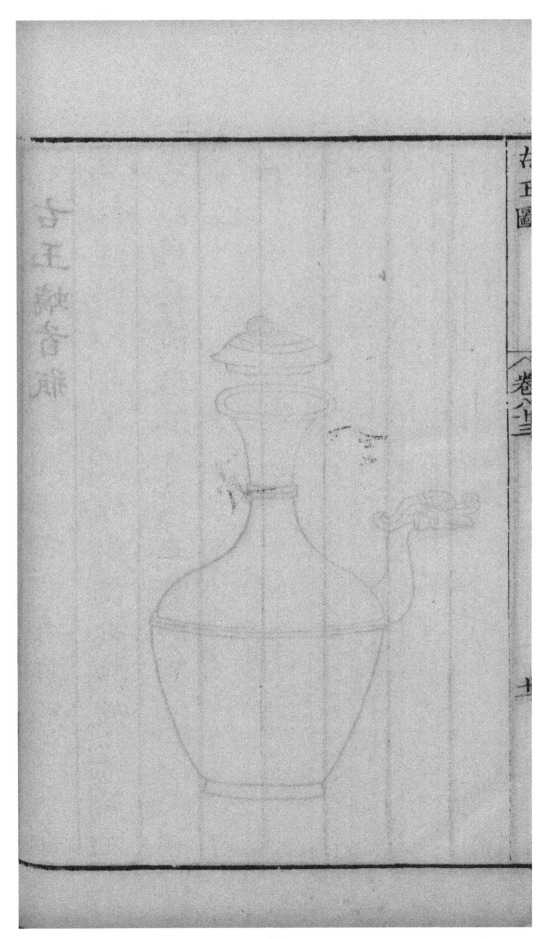

右鉼高低大小如圖玉色甘青無瑕壺有蓋有流流飾以螭首周身朴素無文腹上瑑刻三箍而已亦漢人所為也

宋淳熙敕編古玉圖譜第八十三冊 終

宋淳熙敕編古玉圖譜第八十四冊

古玉父庚爵 銘二字

父庚

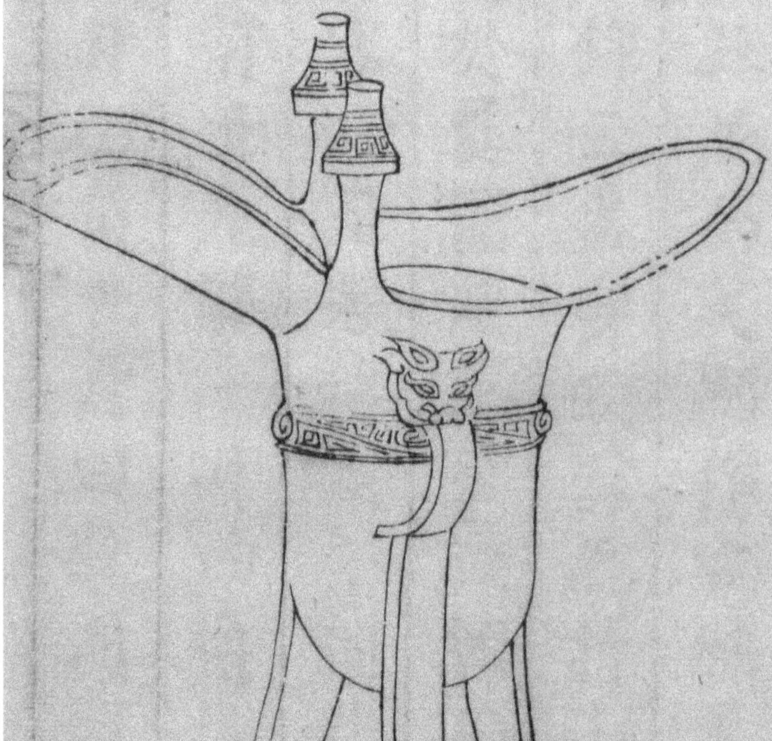

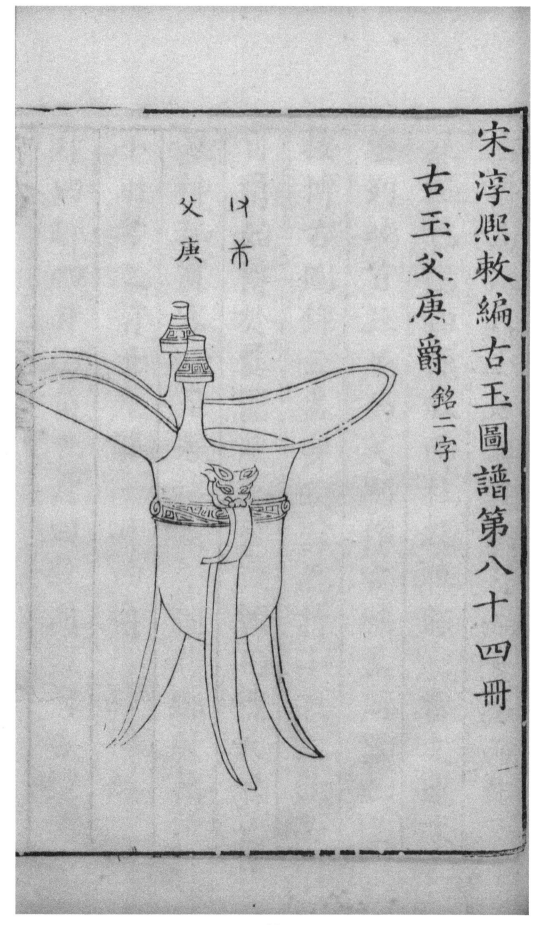

右爵高低大小如圖爵式有流有鋬兩柱三足玉色瑩白無瑕兩柱及脰飾以雷文連珠鋬列螭首三足如戈制作古雅盖周器也臣按博古圖錄云盖爵飲器爲特小然主飲必自爵始爵於彝器是爲至微然而禮天地交鬼神和賓客以至冠婚喪祭朝聘鄉射無所不用考之前世凡觴一升曰爵二升曰觚三升曰觶四升曰角五升曰散周監前古禮文

大成而特以爵名一代之器耳蓋以在夏曰
琖在商曰斝在周曰爵名雖殊而用則一也
以其流鋬柱足有雀故名曰爵

古玉父癸爵　銘二字

父癸

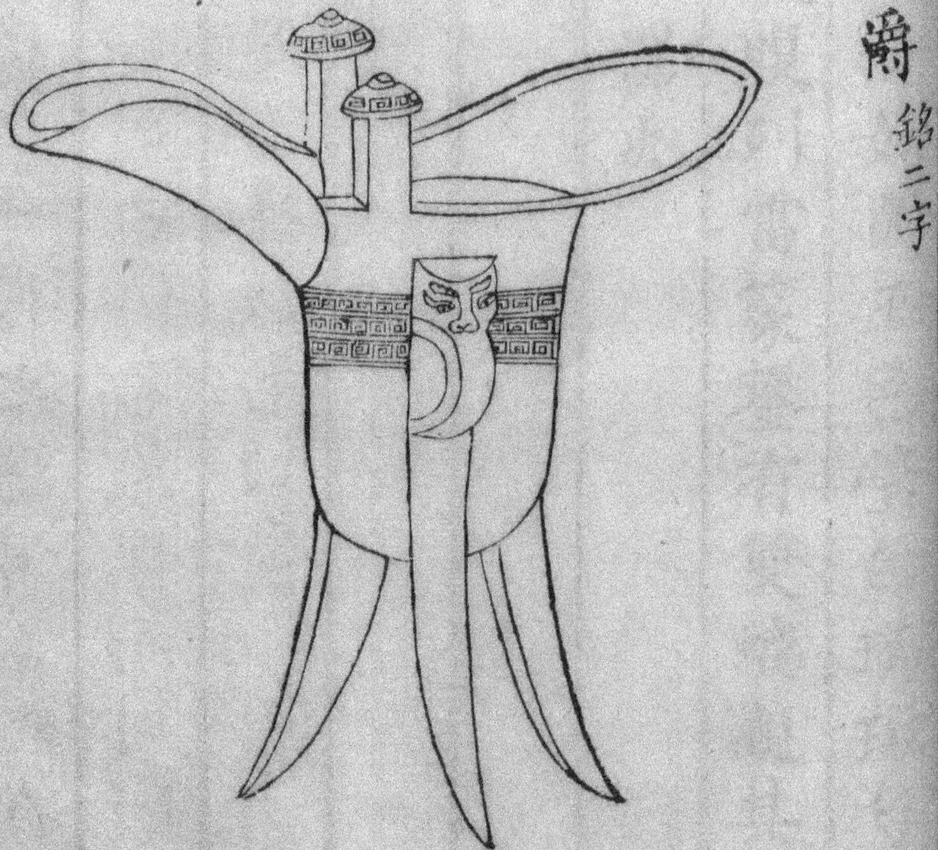

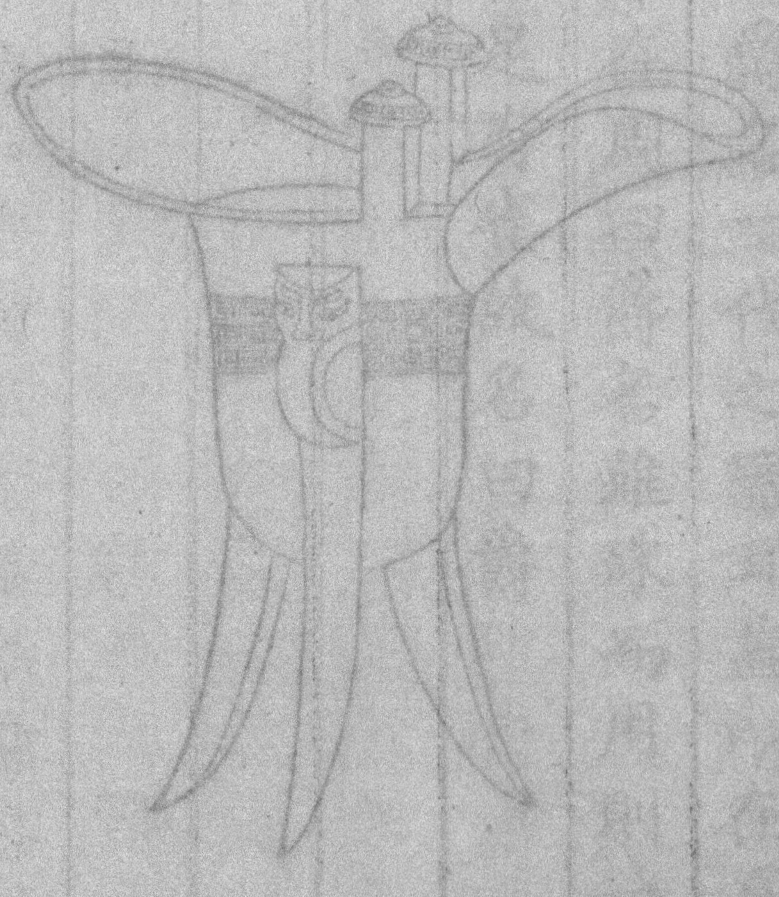

古玉父癸爵

右爵高低大小如圖玉色瑩白璊斑勻點兩柱飾以雷文腹列雷篆鋈有雙螭觀其制度古質周末之器也

古玉中爵 銘一字

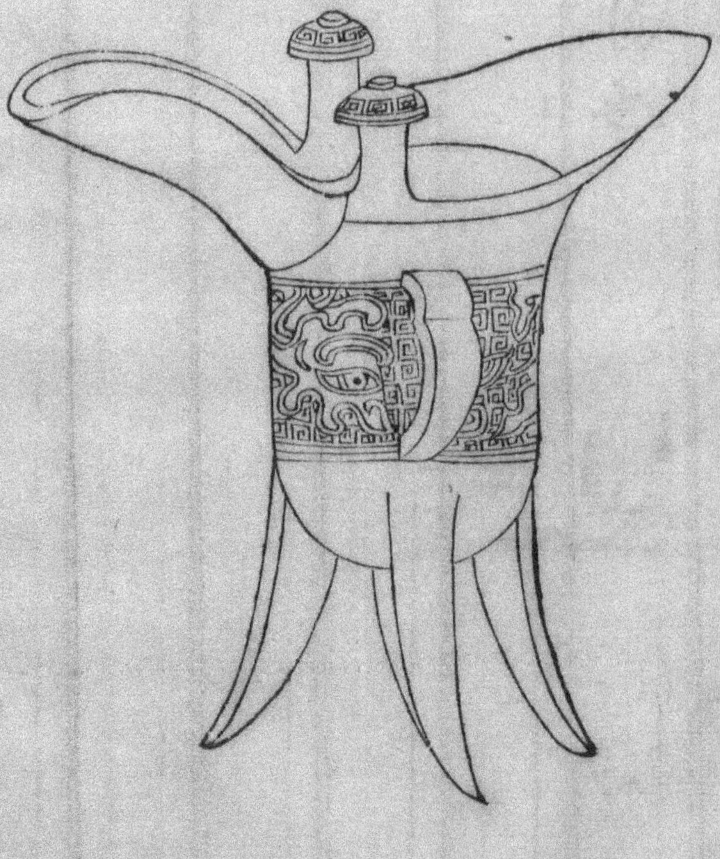

右爵高低大小如圖玉色淡碧無瑕瑑刻兩柱雷文腹間饕餮而鍪首則素質無文制作古簡周秦間物也

古玉祖丙爵 銘二字

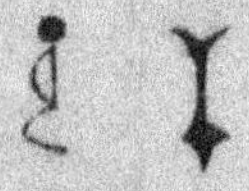

且 丙

立戈形 祖 丙

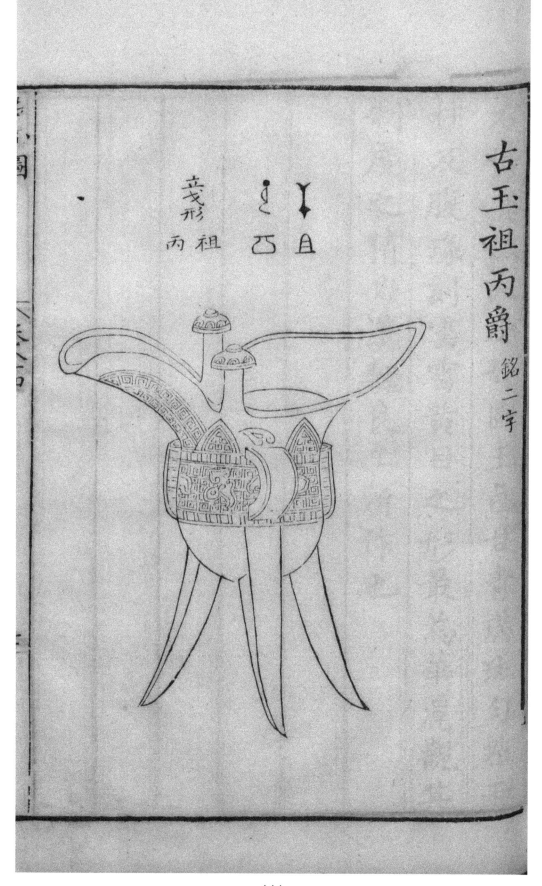

父[illegible]爵

右爵高低大小如圖玉色甘青璊斑勻點兩柱及腹瑑刻雲雷黄目之形最為華麗觀其制度之精必漢魏良工所作也

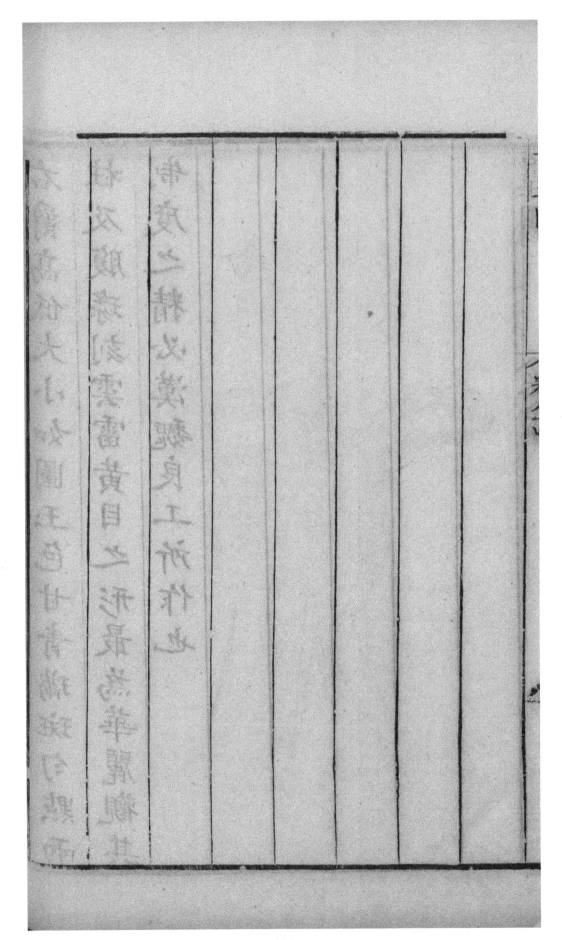

古玉素爵

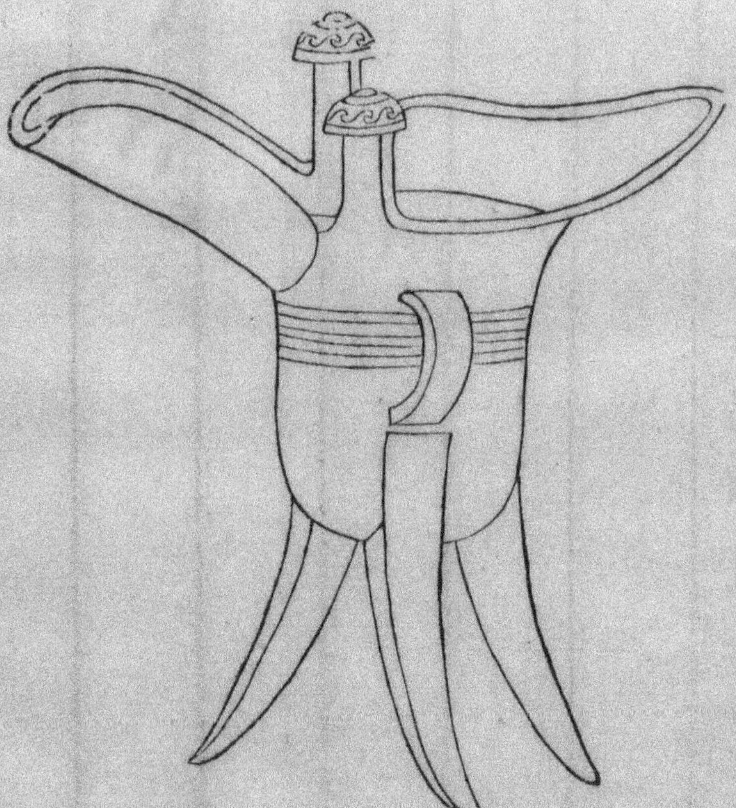

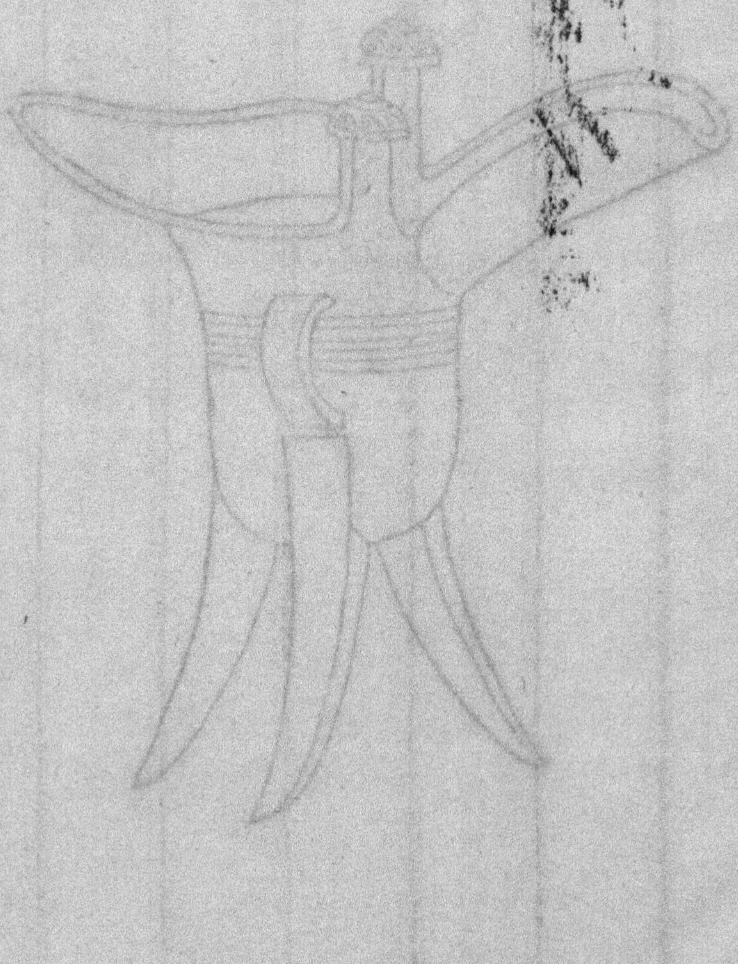

右爵高低大小如圖玉色瑩白璊斑勻布與
苔花間錯周身朴素無文晚周之器也

古玉招父丁爵

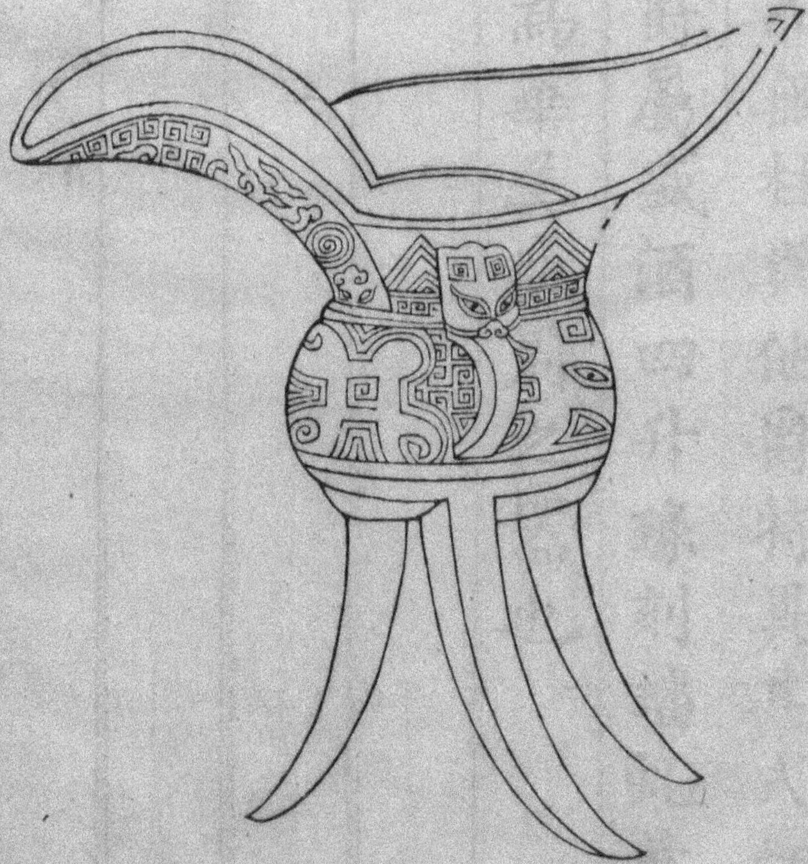

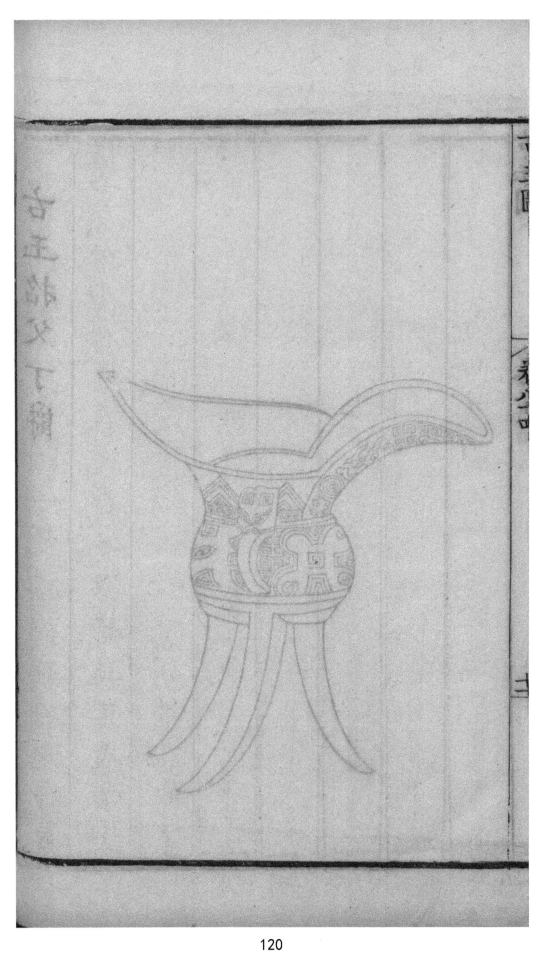

右爵高低大小如圖玉色翠碧無瑕此爵有流有鋬有足而無柱與他爵特異其式頗類於角然角亦爵屬盛酒四升瑑刻蟠虬黃目雲雷之文最為華美盛周之器也

宋淳熙敕編古玉圖譜第八十四冊　終

古玉雷文斝

古玉雷文斝

右斝高低大小如圖玉色瑩白無瑕斝式兩柱三足有鋬無流斝身刻以夔龍饕餮雲雷之文細入毫髮盖周物也臣謹按博古圖錄云爵為飲器之最在夏曰琖在商曰斝在周曰爵其名雖殊其用則一也又許慎說文曰斝戒喧故斝字首二口吅即古喧字古人制器名物必有取義豈徒然哉

古玉雲雷斝

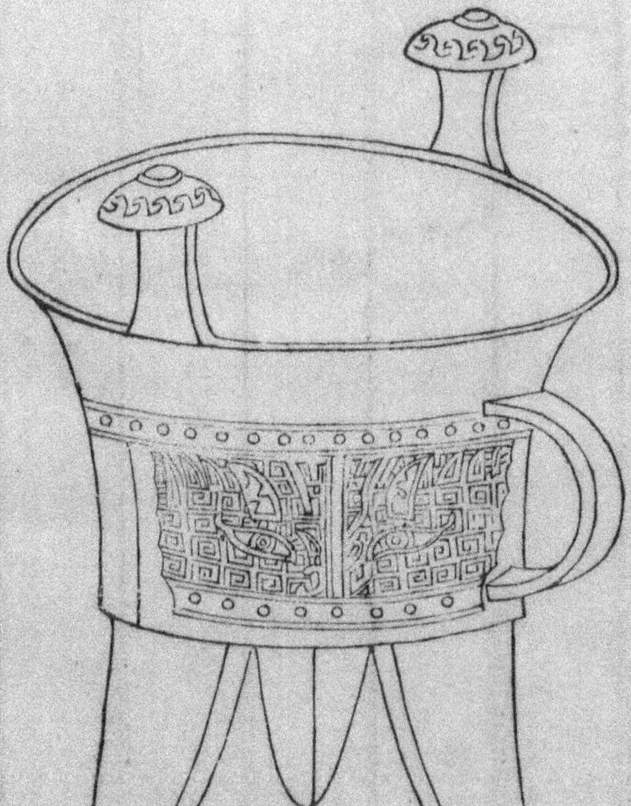

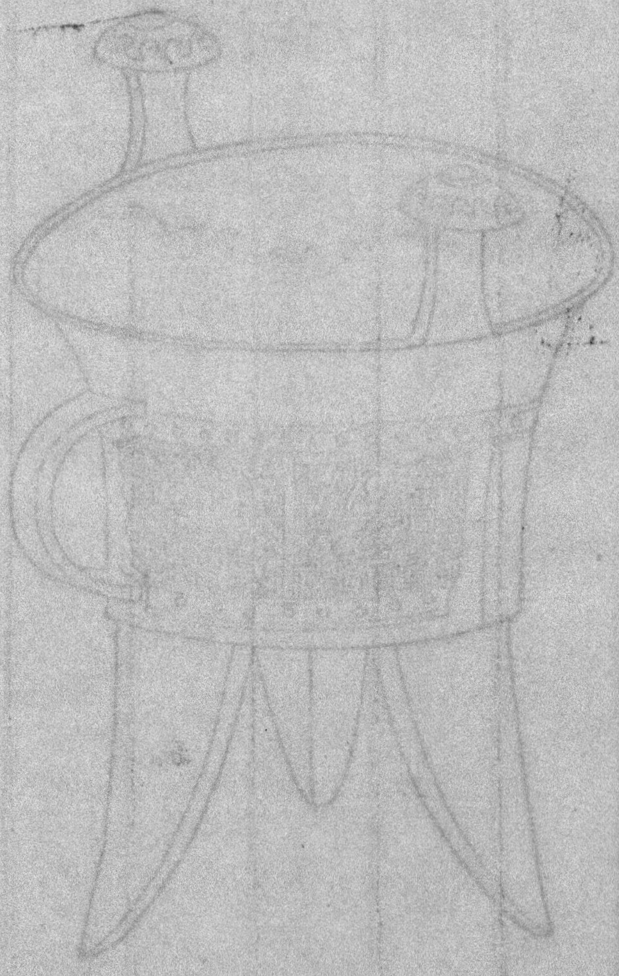

右斝高低大小如圖玉色翠碧無瑕斝身與

耳琢刻雲雷黃目之形琱文古雅周物也

古玉蟠夔斝

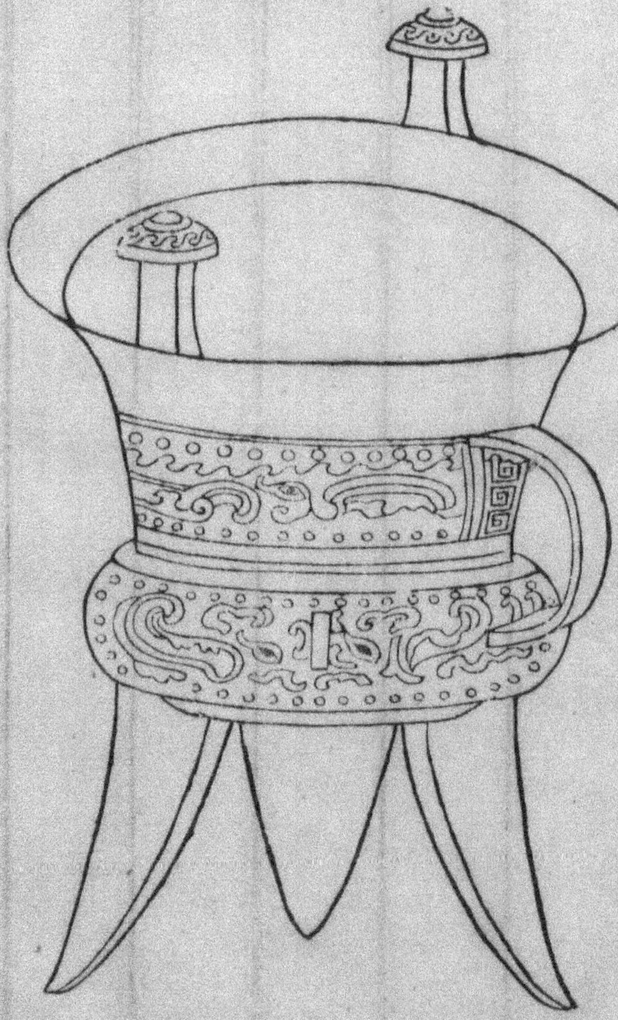

古玉蟠夔爵

右斝高低大小如圖玉色淡碧無瑕斝身瑑刻蟠夔間以連珠為飾亦周秦間之物也

# 古玉山斝

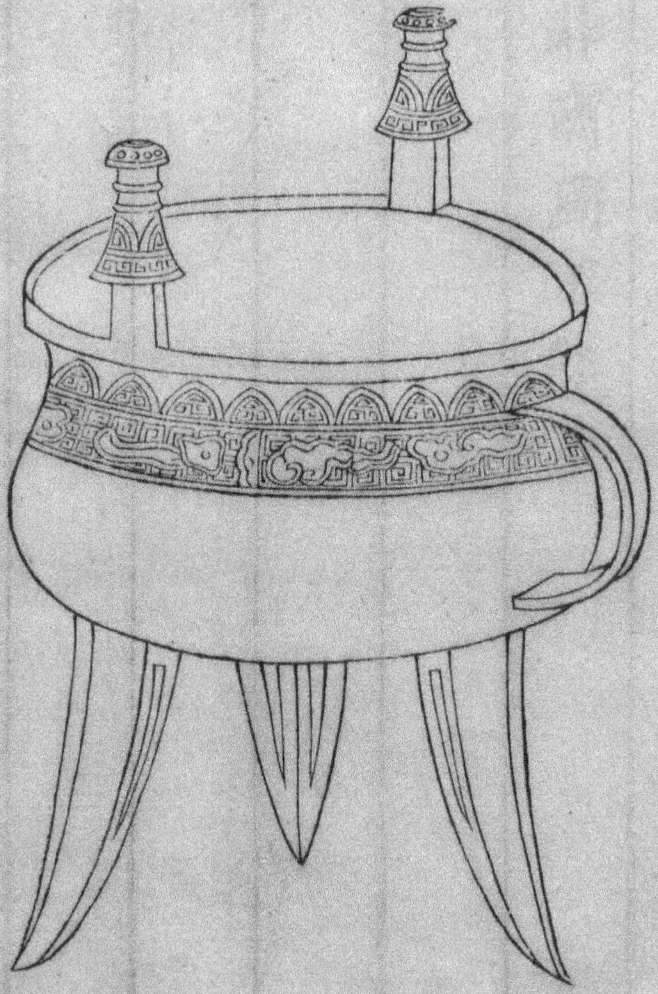

古玉山斝

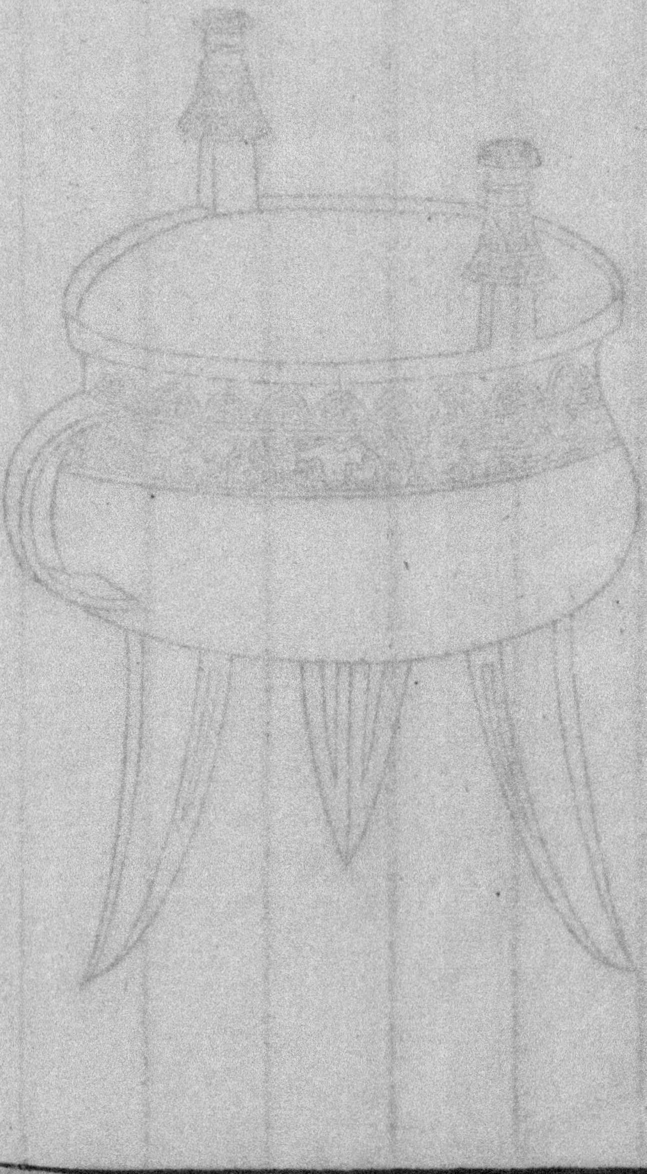

右山罍高低大小如圖玉色甘黃璊斑勻布
純緣之下刻以山紋腹間復列夔龍雷篆大
雅之制非商周不能

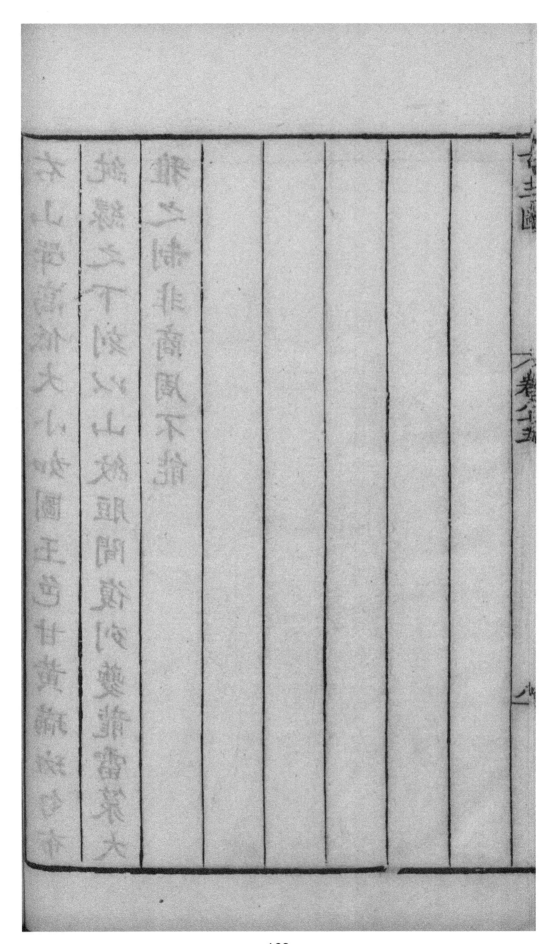

商饕餮爵

右斝高低大小如圖玉色純紫如蒲桃晶瑩無瑕瑑刻饕餮間以連珠璚文縟麗非商周不能南唐後主李煜有詞云紫玉斝頻傾花露蓋此斝出自唐宫者歟

古玉父丁斝

父丁

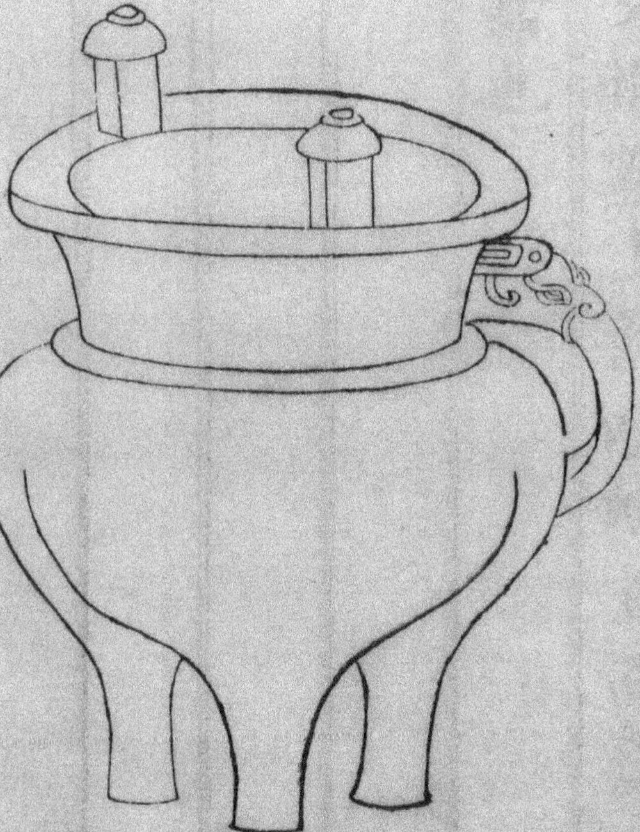

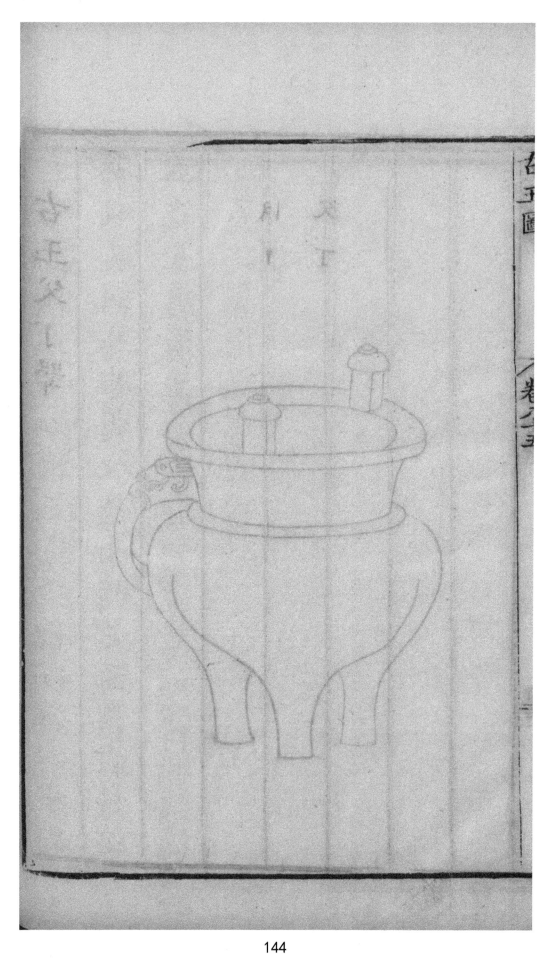

右筆高低大小如圖玉色瑩白璊斑句布周身朴素無文惟鋬上飾以螭首而已古朴之至商末之器也

宋淳熙敕編古玉圖譜第八十五冊終

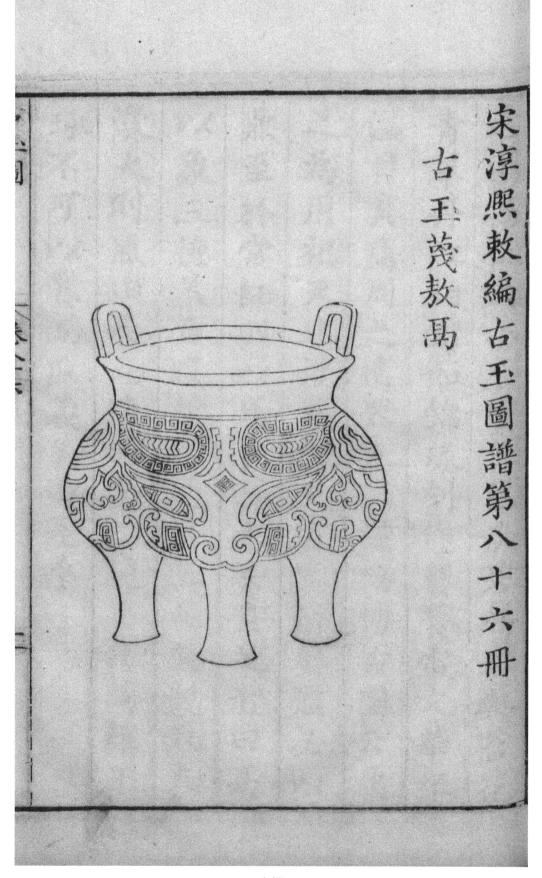

宋淳熙敕編古玉圖譜第八十六冊

古玉蔑敖鬲

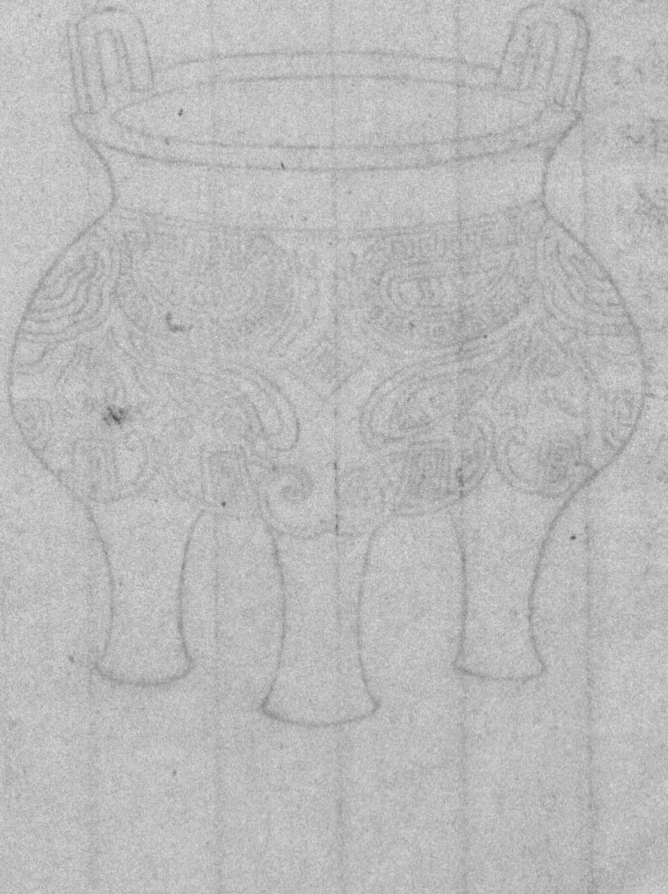

古玉夔紋鼎

宋淳熙敕編古玉圖譜卷八十六

右鬲高低大小如圖玉色淡碧璊斑與苔花青翠丹紅相錯如錦瑑刻作饕餮雷文華縟溢目真商周之遺器也　謹按博古圖云鼎之為用祀天地禮鬼神交賓客脩異饌必以鼎至於常飪則以鬲又漢志云空足者曰鬲以象三德盖自腹所容通於三足其製取夫爨火則氣由是而達而易以通也此鬲雖玉瑑不可以爨而取義盖由是乎

家不可以變而取義蓋由是乎
變大則氣由是而運而易以通也此圖雖王
以象三德蓋自服所發通於三五其數取夫
鼎至於當飪則以爲兩又濟志云空足者曰兩
之爲用祀天地禮鬼神交賓客脩異饌以以
謚曰眞商周之遺器也　讓按博古圖云鼎
青翠丹砂相錯如錦繡刻作饕餮雷文華鏤
右兩商鼎大小如圖王已洗鑄環珮器著

古玉慧季鬲

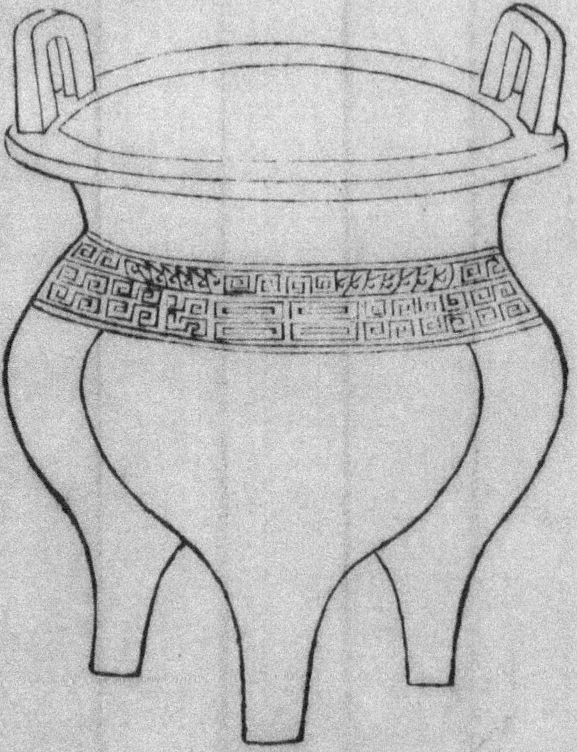

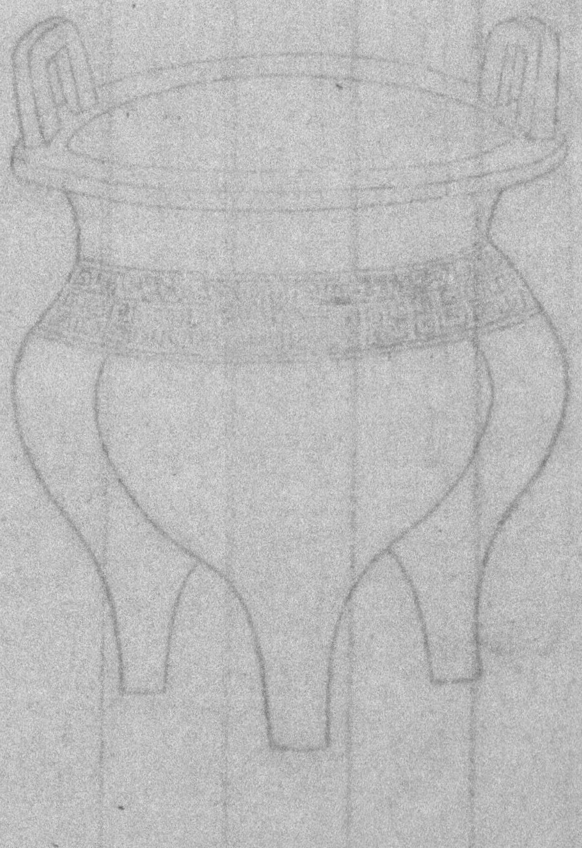

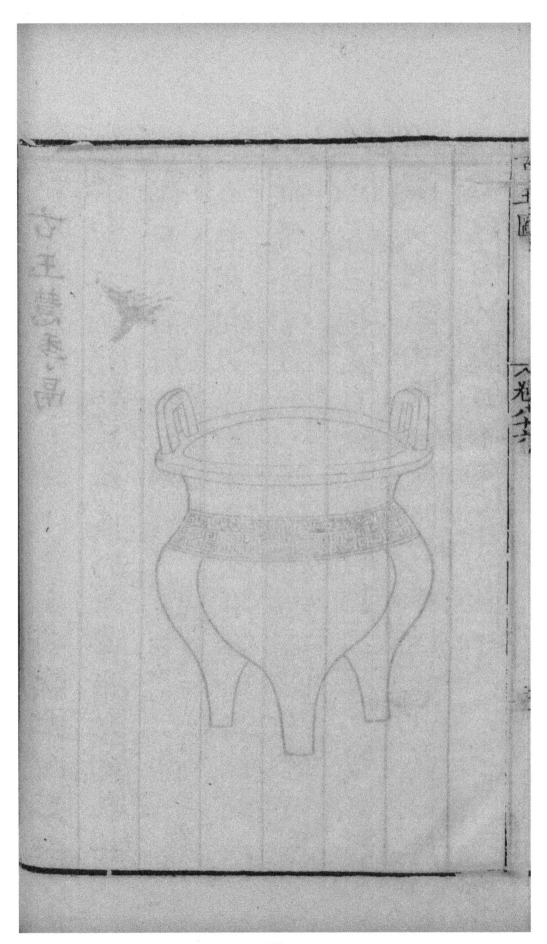

右尙高低大小如圖玉色甘黄璊斑勻點純緣而下瑑刻輕重雷文式範典雅先秦之物也

也

古玉阜父丁盉

右盉高低大小如圖玉色甘青無瑕是盉有蓋有流有鋬三足無銘脰閒飾以雲雷饕餮之文蓋有連環聯於鋬上三足如鼎朴素無文臣謹按博古圖錄云夫盉盛五味之器也其制度施設不見經傳惟說文以謂從禾為調味之器王安石以為和如禾蓋取和之義耳此盉蓋周器也

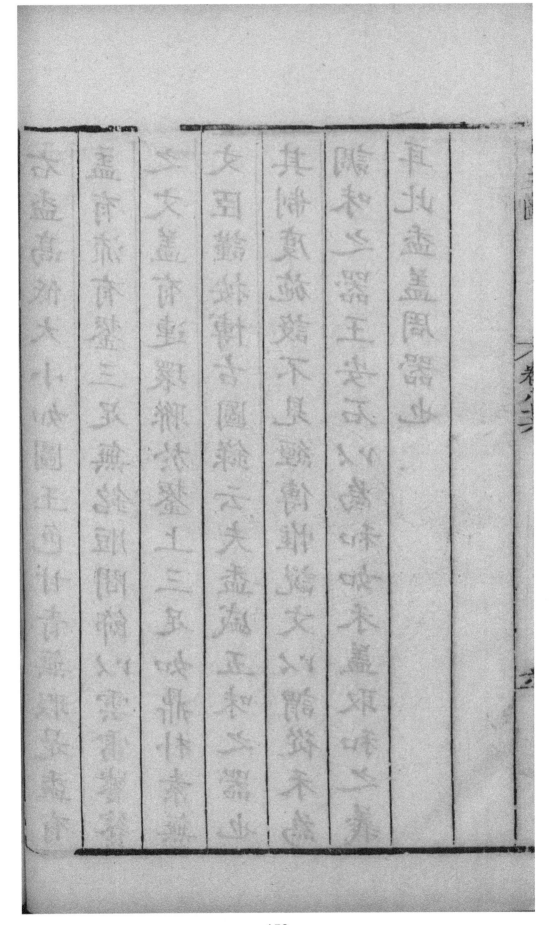

古玉三螭盉

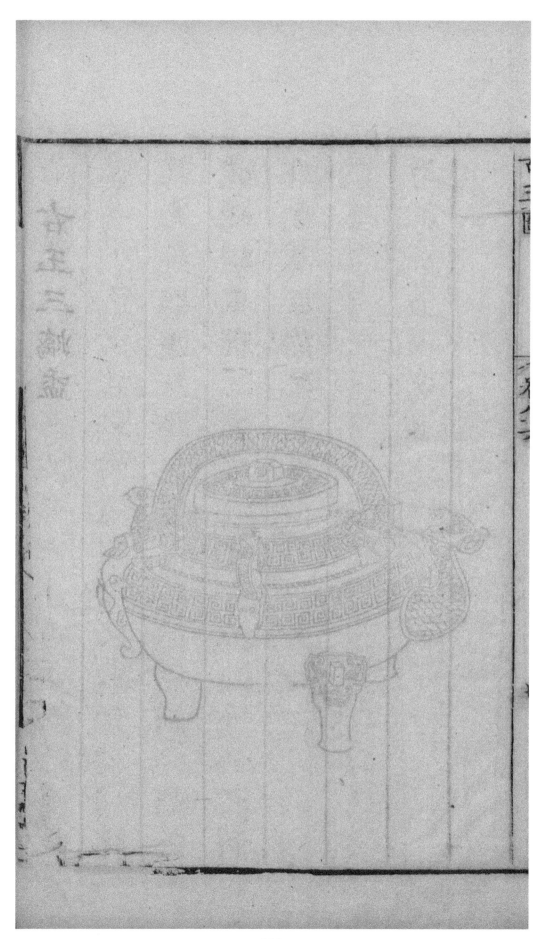

右盉高八寸圓徑尺有六寸有盖有流有提三足玉色淡碧無瑕瑑刻以天雞為梁螭龍為流純緣遍身蟠虬雷文為飾而以二螭全體蜿蜒盉腹之左右三足亦以三螭飾之制作文華盛周之器也

亦文章殷周之器也

體效虢盂鼎之在有三足亦以三節飾之制

為流統繚適身當軋雷文為飾而以三稀全

三足王色淺綠與鉛殊以天雞為鋬蓋

右通高八寸圜徑八寸有六寸有盈有流有鋬

古玉祖已甗

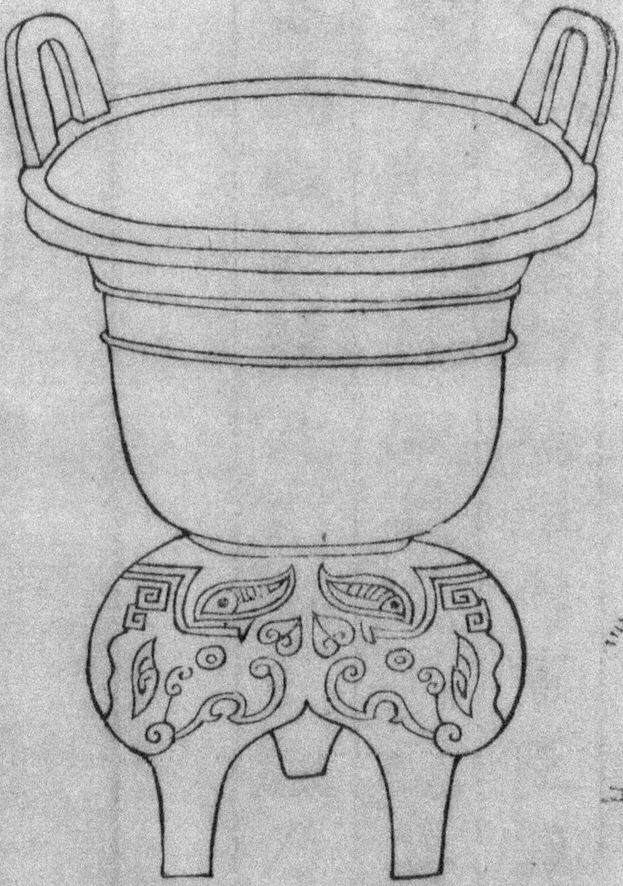

古王祖己鼎

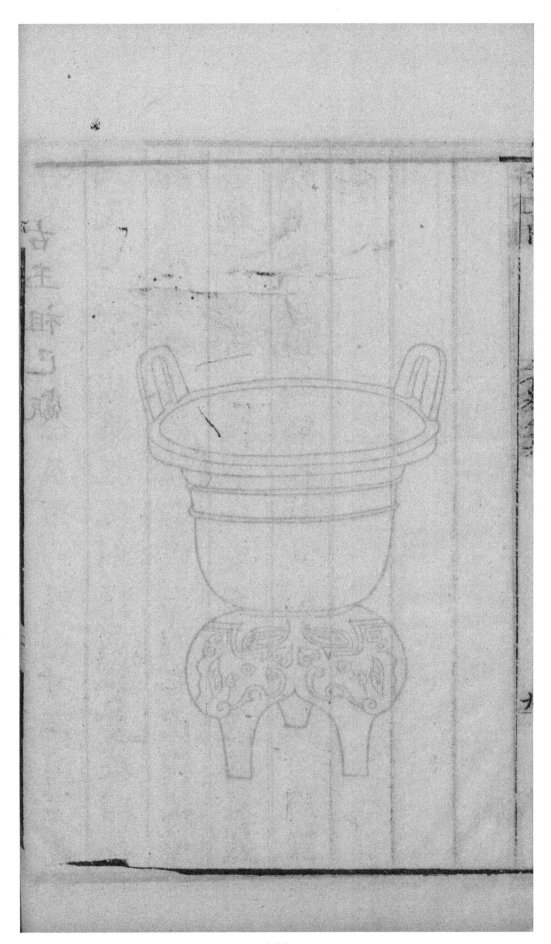

右甗高七寸六分圓徑一尺四寸兩耳三足周身朴素無文唯三足則琢刻饕餮之形各據一足而已玉色瑩白璊斑匀布臣謹按博古圖云王安石則曰從鬳從瓦鬲獻其氣然知無底之甑為甗也據此則知此甗乃周器也

也

知無甗之韻為甗也據此則知此甗乃周器

古圖云王安石則曰從鬳從瓦鬲其氣與

據一尺石已上已盛白與蒸乃布臣謹按博

周身朴素無文唯三足則環列饕餮之形若

右甗高七寸六分圓徑一尺四寸兩耳三足

古王蟠雲饕餮甗

右甗高六寸九分圓徑一尺二寸玉色瑩白苔花沁碧琢刻脰間飾以夔龍三足各據一饕餮之形觀其制作蓋周器也

宋淳熙敕編古玉圖譜第八十六冊 終

古玉圖譜

十五

# 宋淳熙敕編古玉圖譜第八十七冊

## 古玉奕車觚 銘二字

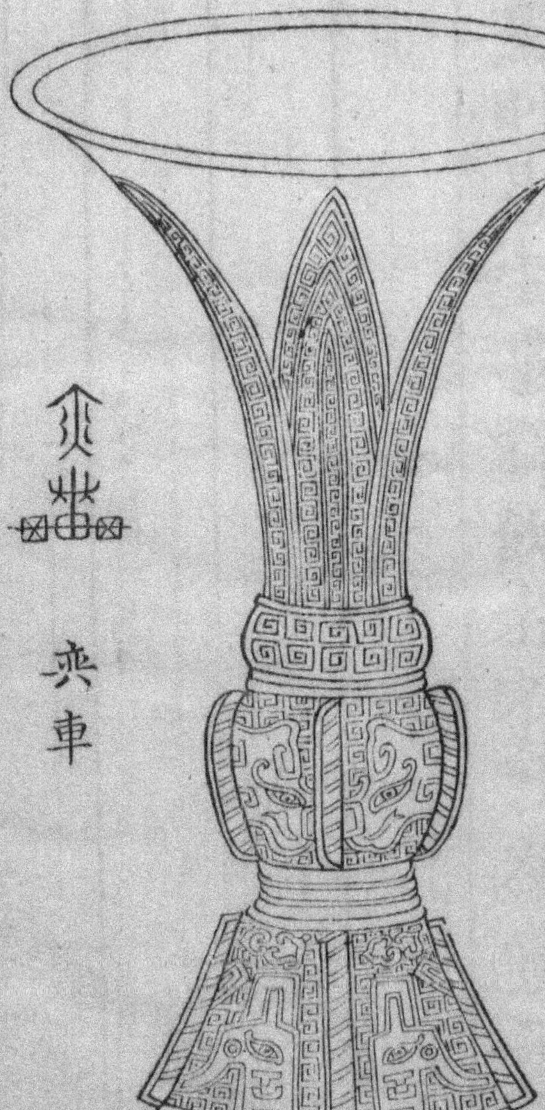

奕車

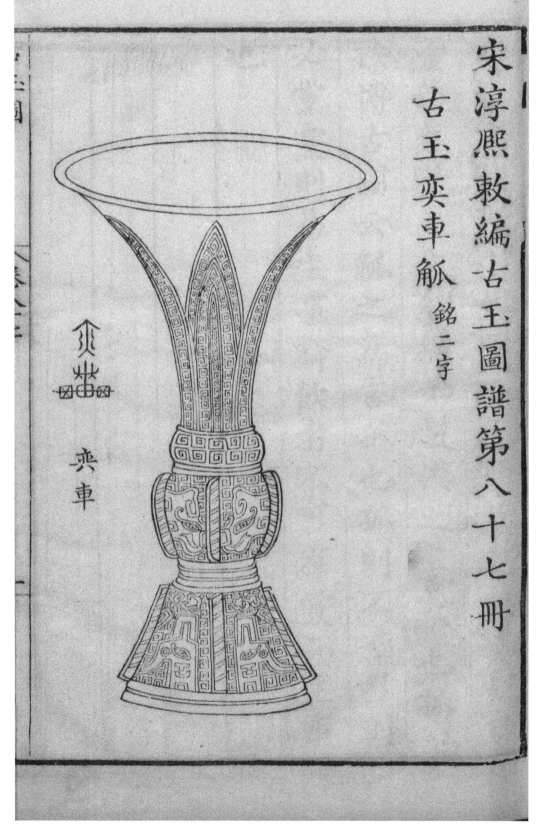

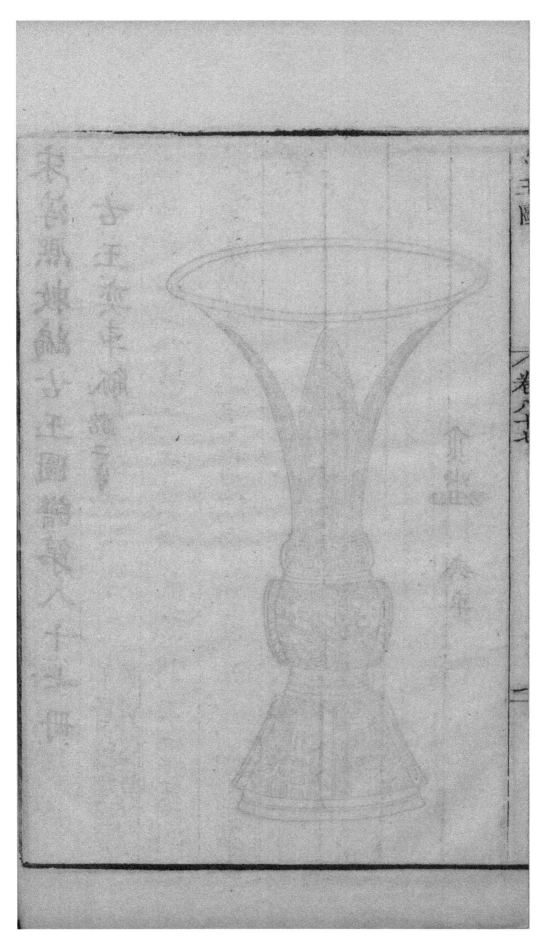

右觚高低大小如圖玉色翠碧無瑕琢刻作夔龍蕉葉之文細縟如髮漢之佳器也臣謹按博古圖云觚之為言孤也孤則不羣羣則必黨黨則易生事喻飲者不可羣黨而生事也

古玉山雷觚

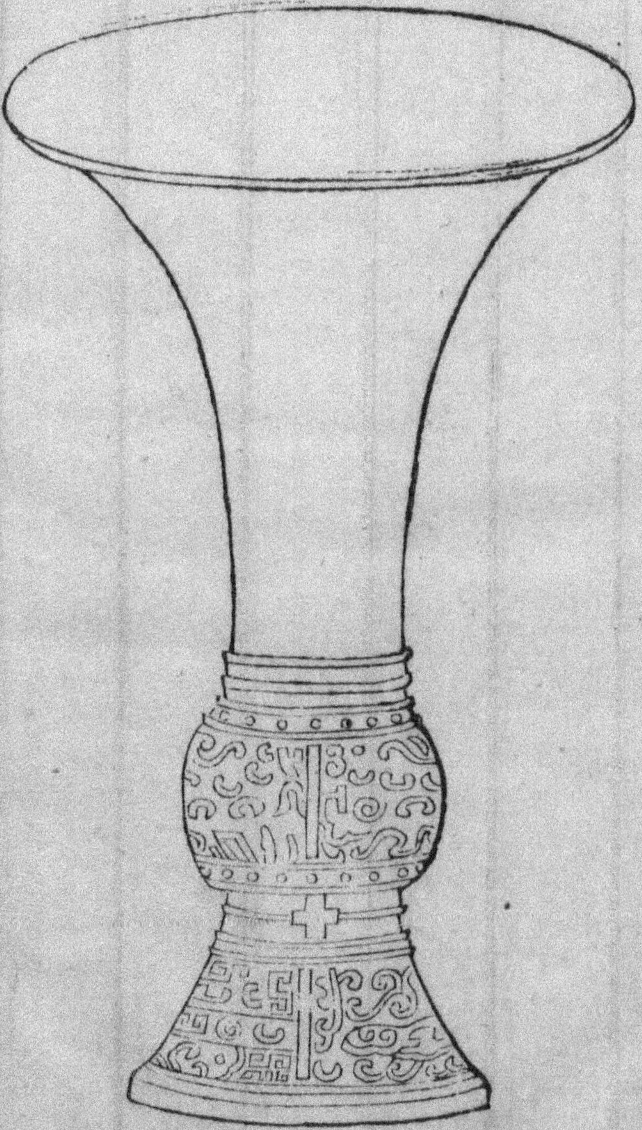

古王山雷觚

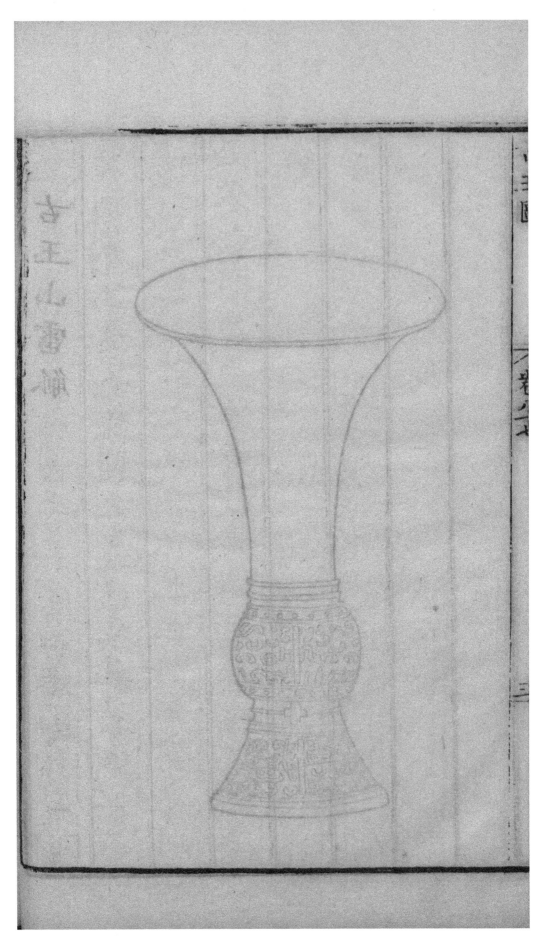

右觚高低大小如圖玉色瑩白璊斑匀布腹
下瑑刻山雷之文間以連珠為飾亦周器

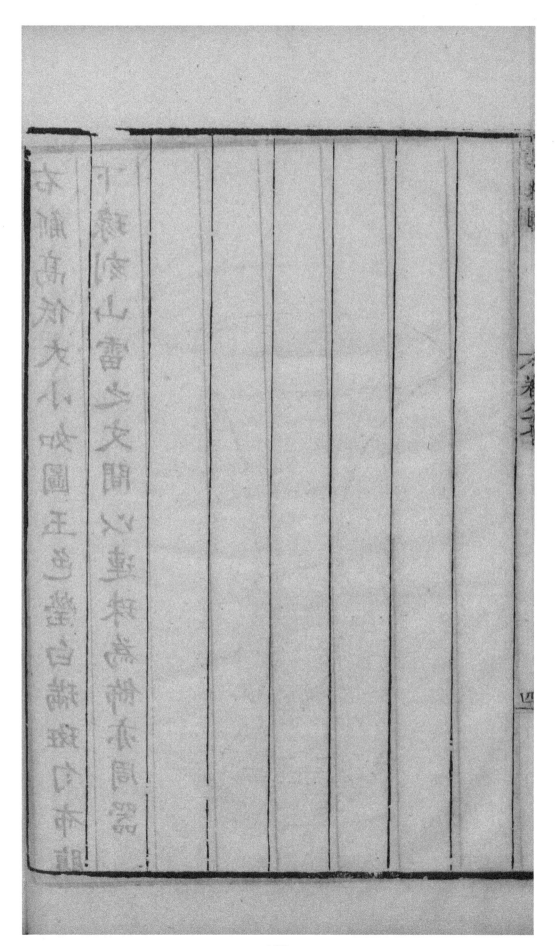

古玉素圜觚

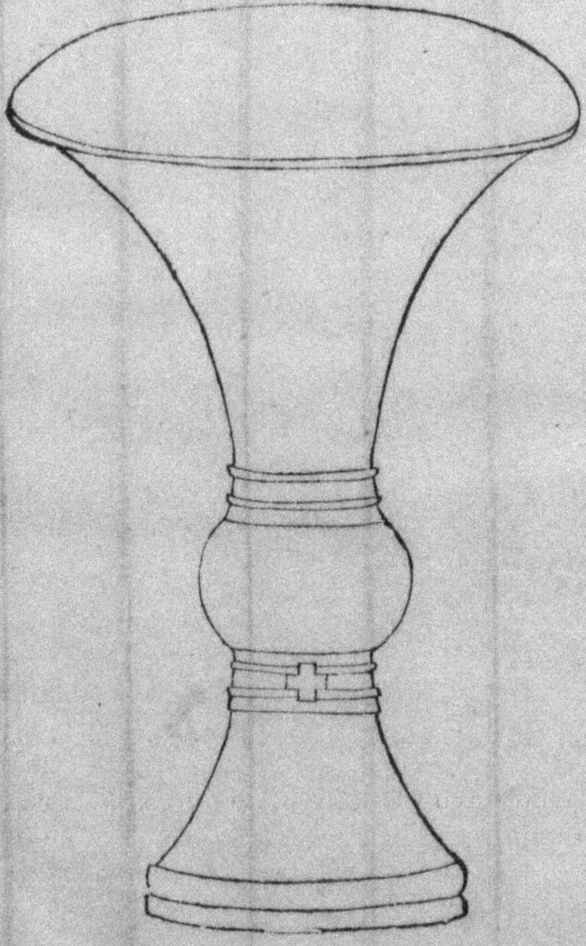

古玉考圖編

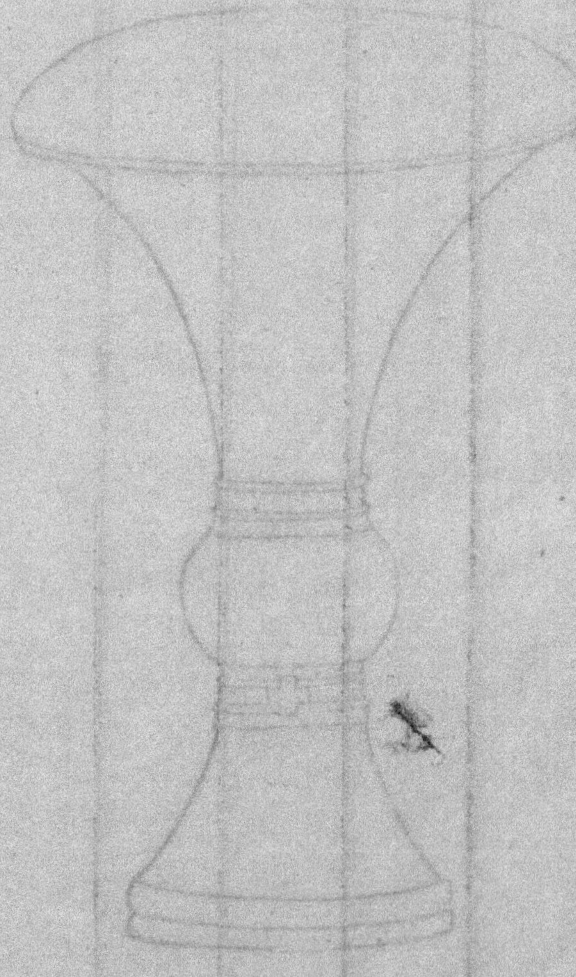

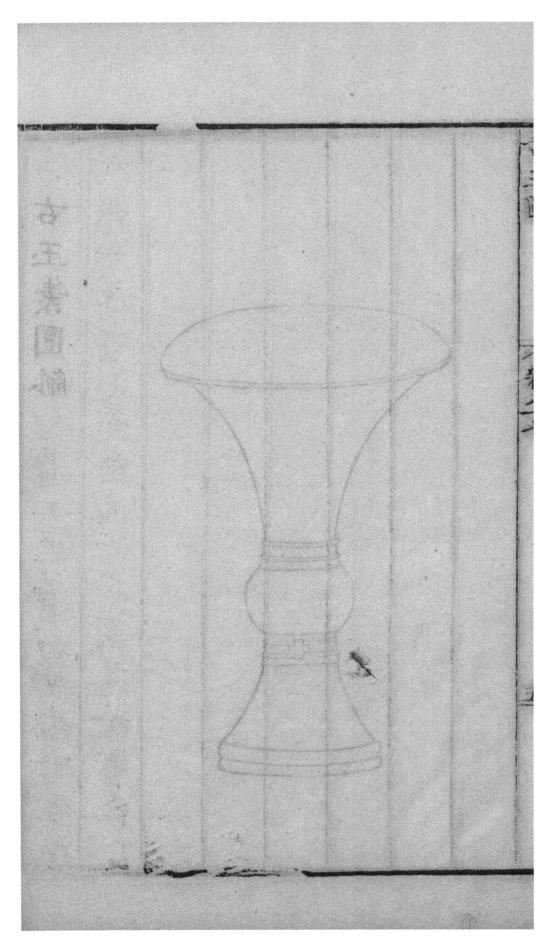

右觚高低大小如圖玉色瑩白璊斑丹元點染如畫周身朴素無文乃晚周之珍器也

古玉小圜觚一

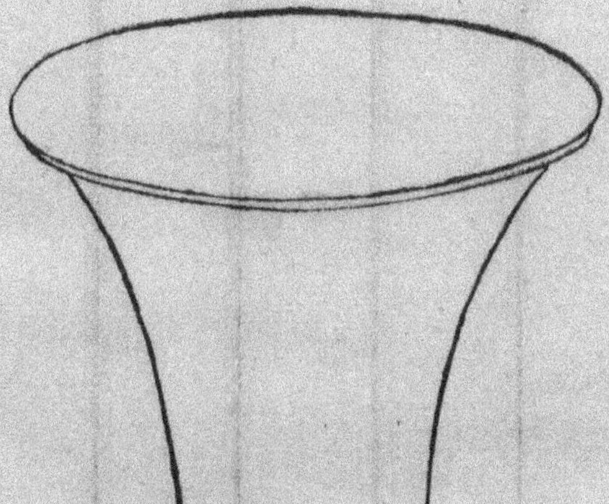

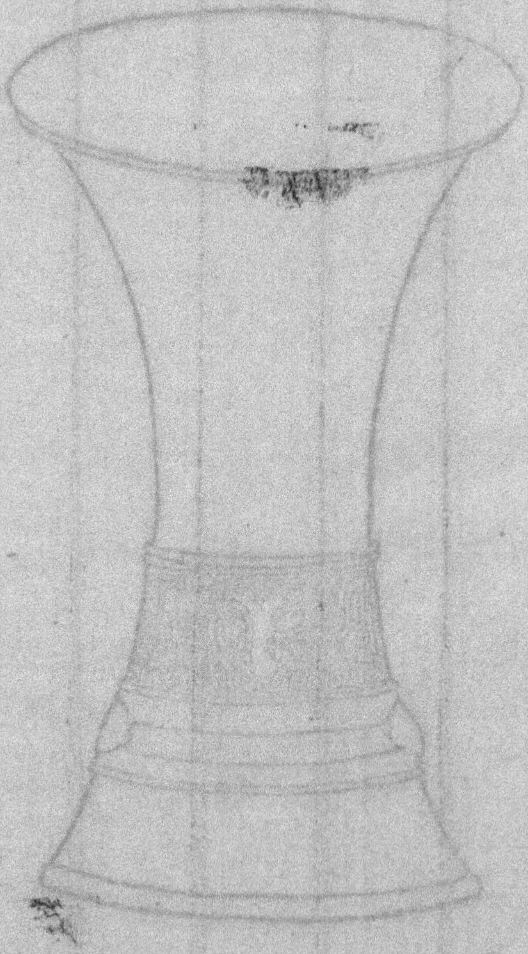

右觚高低大小如圖玉色淡紫無瑕腹股間

刻雷文夔龍之象制度古簡商周間之物也

古玉小圜觚 二

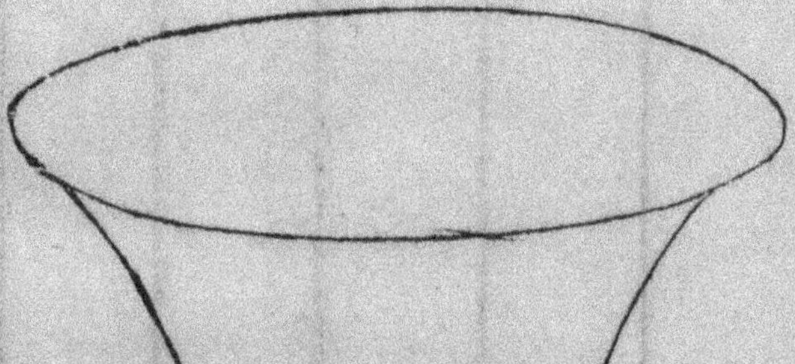

右觚高低大小如圖玉色淡黃無瑕腹股之
間瑑刻作饕餮全形最爲古質必商物也

古玉山紋觚

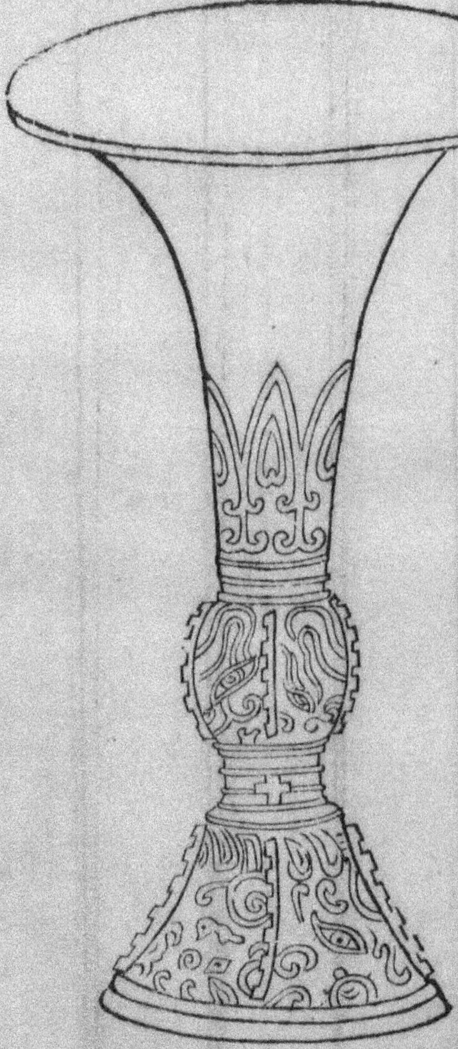

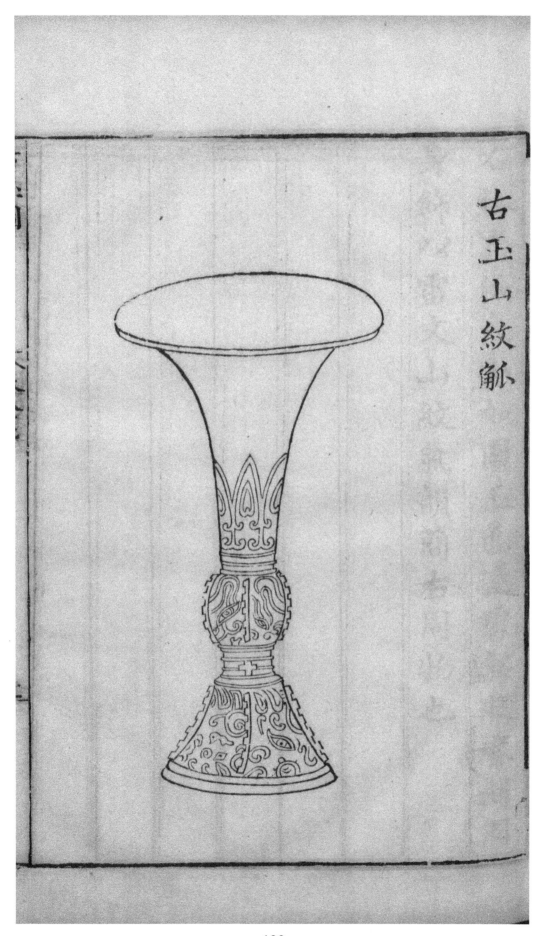

古玉山紋觚

右觚高低大小如圖玉色淡碧無瑕瑑刻周身飾以雷文山紋氣韻簡古周物也

宋淳熙敕編古玉圖譜第八十七册 終

宋淳熙敕編古玉圖譜第八十八冊

古玉虁龍尊

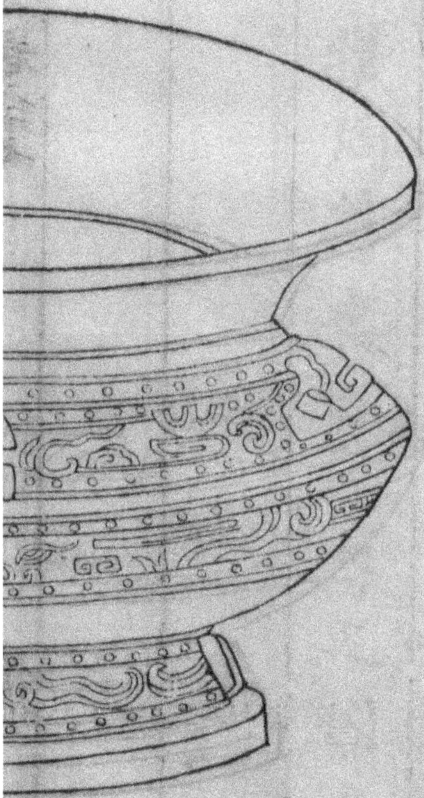

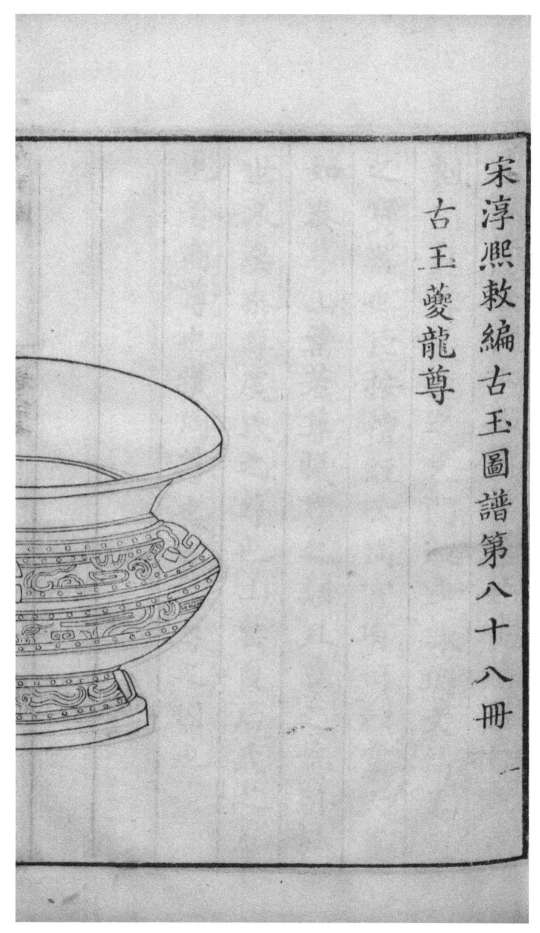

右尊高低大小如圖玉色甘黃璊斑勻點瑑
刻周身作夔龍之文間以連珠琱文精美周
之寶器也臣按禮經云周官有司以掌六尊
如泰尊山罍著尊犧尊之類且尊之為用於
世久矣泰尊虞氏之尊也山罍夏后氏之尊
也著尊商尊也犧周尊也此諸尊之因也

也者商尊也儀周尊也武壽尊之因也
也又矣泰尊虞氏之尊也山罍夏后氏之尊
如泰尊山罍著尊犧尊之類且尊之爲用於
人寳器也臣按禮經六周官有司以掌六尊
旁周身備夔龍之文間以連珠洄文精美周
右尊高低大小如圖玉色甘黄瑞斑紋點綠

古玉師艅艎尊

古王師祭彝尊

右尊高低大小如圖玉色翠碧無瑕琢刻饕餮全形繁簡得宐琱文圓潤三代之器也

古玉蜼尊

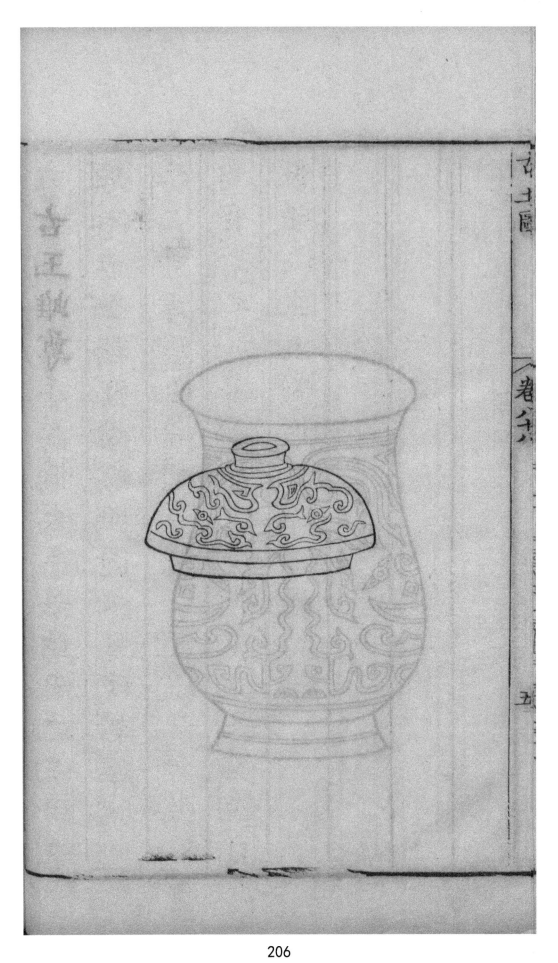

右尊圓而有蓋高低大小如圖玉色淡碧璊斑鮮赤如朝霞縇彩照衒人目瑑刻蜼獸之形夫蜼孝獸也每得果實必先獻父母然後自食著之於尊以喻飲者先獻尊長而後自飲敬之至也制作之工三代物也

飲饌之至也制作之工三代物也

自食蓄之於事以觴飲者先獻尊長而後自

形夫雖宰獻也每得果實必先獻父母然後

斑爛赤如朝霞織彩成綺入目琢刻精緻之

右真圓而有蓋高依大小如圖玉色淡碧

古玉高克尊

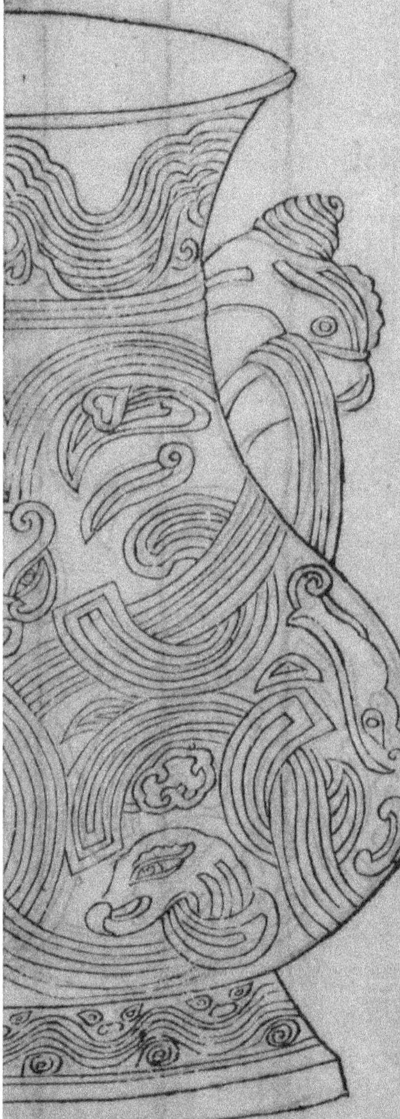

右尊高低大小如圖玉色甘青無瑕尊體圜
而有耳項下銜環周身刻以交虬頭尾交接
循環不斷較諸尊為特大

古玉犧尊一

右犧尊長九寸七分高七寸三分玉色甘黃無瑕尊作犧牲全體中空貯酒而犧口出之背負有蓋此周之尊也其說已見于前

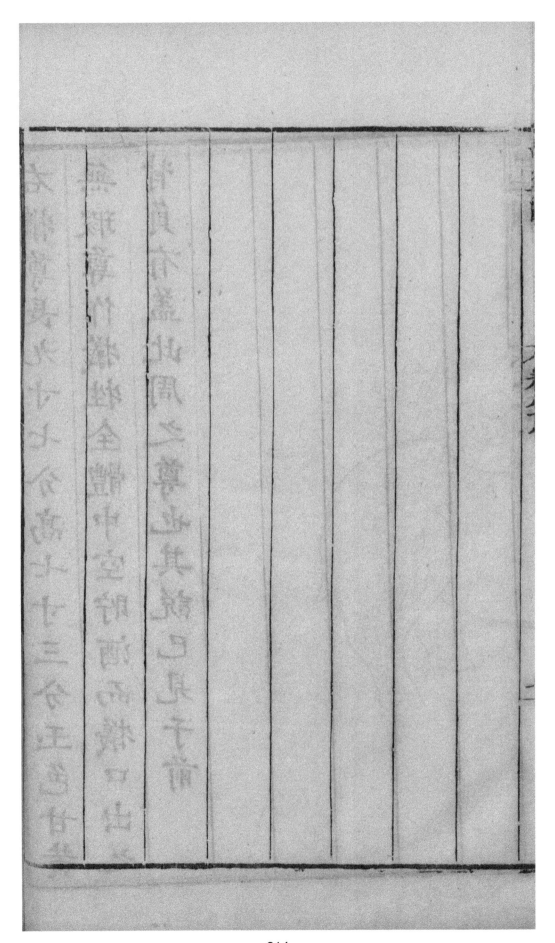

古玉犧尊二

古玉圖考

右尊高低大小如前犧玉色甘青無瑕周身刻雲霞之象夫犧牛致力田畝大有功於生民故著於尊以獻宗廟蓋重農功之至義周人重器也

宋淳熙敕編古玉圖譜第八十八冊 終

宋淳熙敕編古玉圖譜第八十九冊

古玉象尊

象尊長一尺一寸高七寸八分尊作象獸全體有蓋有提梁周身絡以絢索玉色瑩白璊斑勻布此周室之尊也其說已見於前矣况象為南越大獸以鼻致用力舉千鈞其牙聞雷生暈即顯文章着之於尊蓋有所取以其任重致遠乎

其任重致遠乎

聞當生輩即顯文章者之於尊彝盡有所取以

況象為南越大獸以鼻致用力舉千鈞其才

犧雖勻布此周室之尊也其說已見於前矣

全體而盡有擬況周身絡以綯索玉色瑩白

象尊長一尺一寸高七寸八分尊作象背

# 古玉鳧尊

右尊長八寸高七寸玉色翠碧瑞斑凝丹尊作鳬鳥全體而有蓋有提梁夫鳬之為物浮水不溺以喻飲者不至沈湎耳

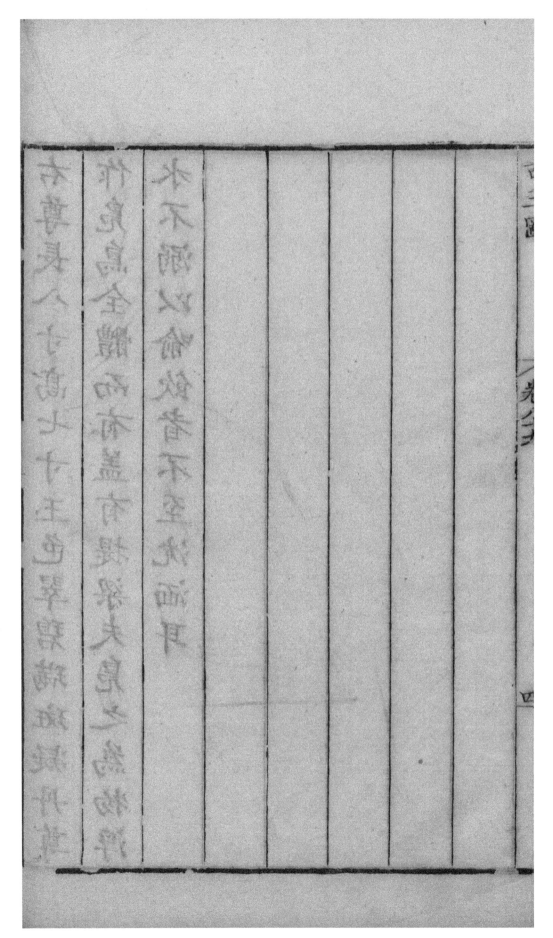

# 古玉匏尊

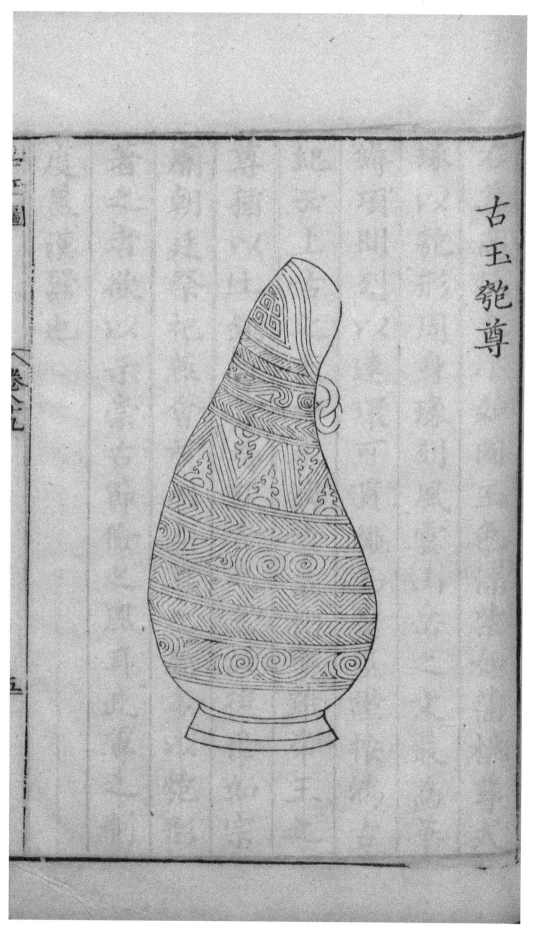

古[illegible]壺[illegible]

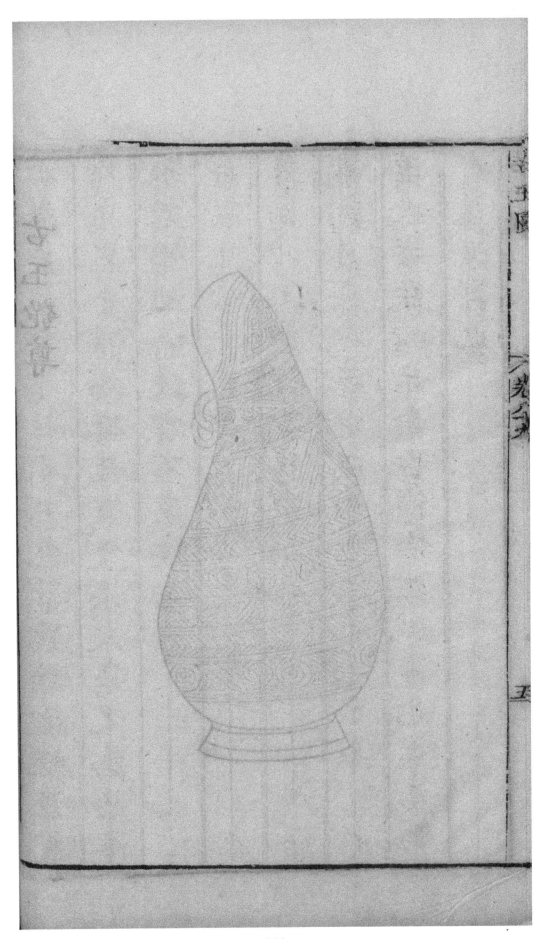

右尊高低大小如圖玉色深紫如蒲桃尊式琢以匏形周身瑑刻風雲山岳之文最為華縟項間列以連環可貫繩而繫臣謹按鴻古紀云上古之大朴未漓儉素相襲雖帝王之尊猶以土鉶匏尊為飲食之器故後世如宗廟朝廷祭祀燕會所用壺尊之屬多以匏形著之者欲以示崇古節儉之風耳此尊之制度蓋漢器也

處盖漢器也
蓄之者欲以示崇古節儉之風耳此尊之制
廟朝廷祭祀燕會所用壺尊之屬多以瓷形
尊樽以土鑄瓷尊彝飲食之器故後世如宗
紀云上古之大朴未漓儉素相尚雖帝王之
彝所陶列以連環可貫繩而纂臣璞接語古
琢以瓷形周身雕刻風雲山岳之文最為華
古尊高低大小如圓玉色沁染如滿緋尊式

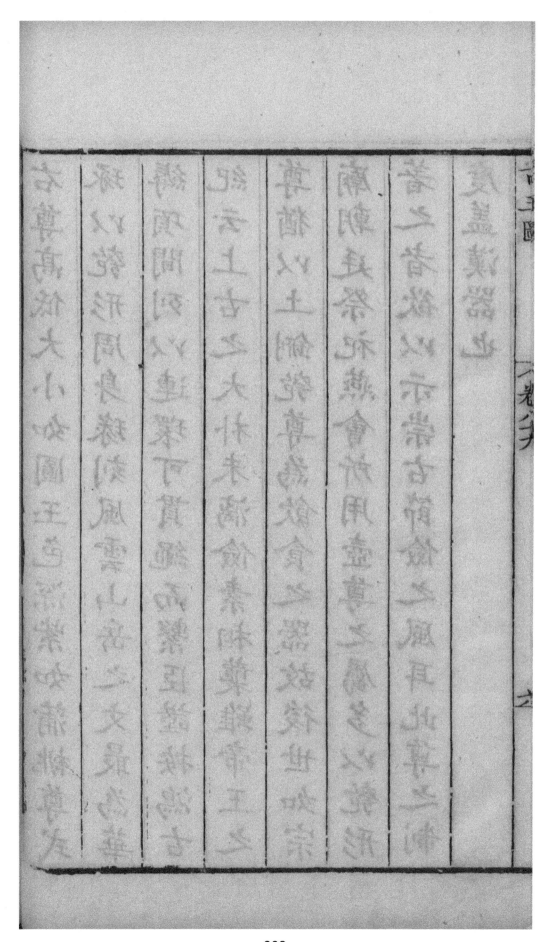

# 古玉蟬文卮

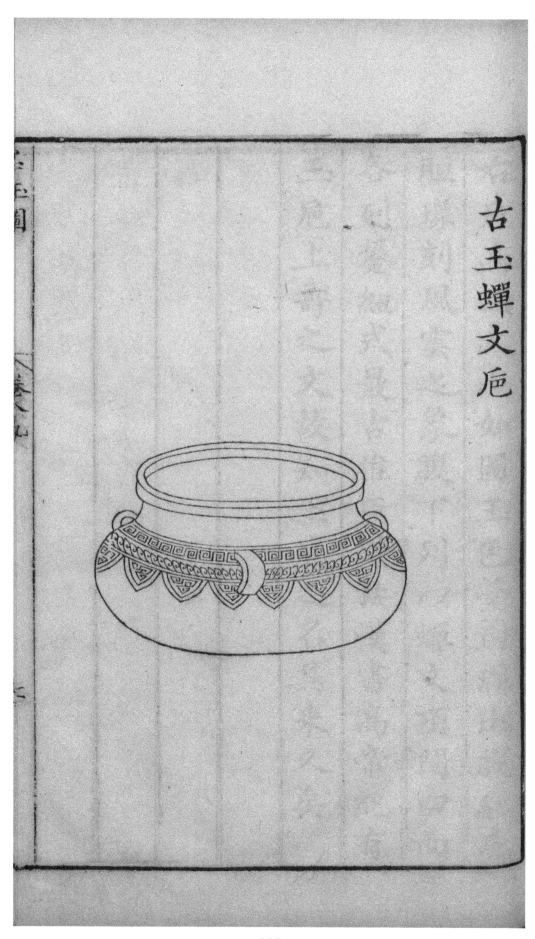

古玉蟬文瓮

右巵高低大小如圖玉色瑩白璊斑殷紅巵脰瑑刻風雲之象腹下列以蟬文項間四面各列鋬紐式最古雅臣謹按漢書高帝紀有玉巵上壽之文故知玉巵之名其来久矣

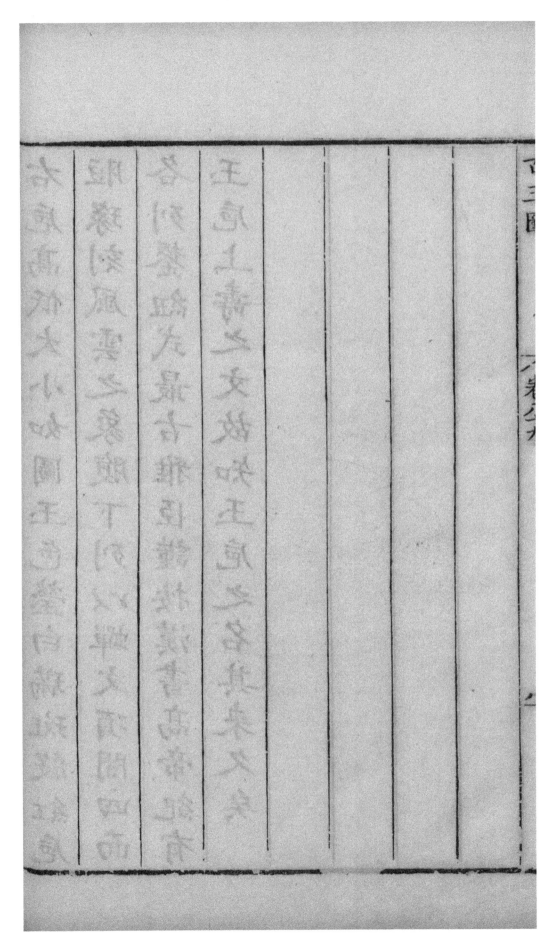

# 古玉螭首卮

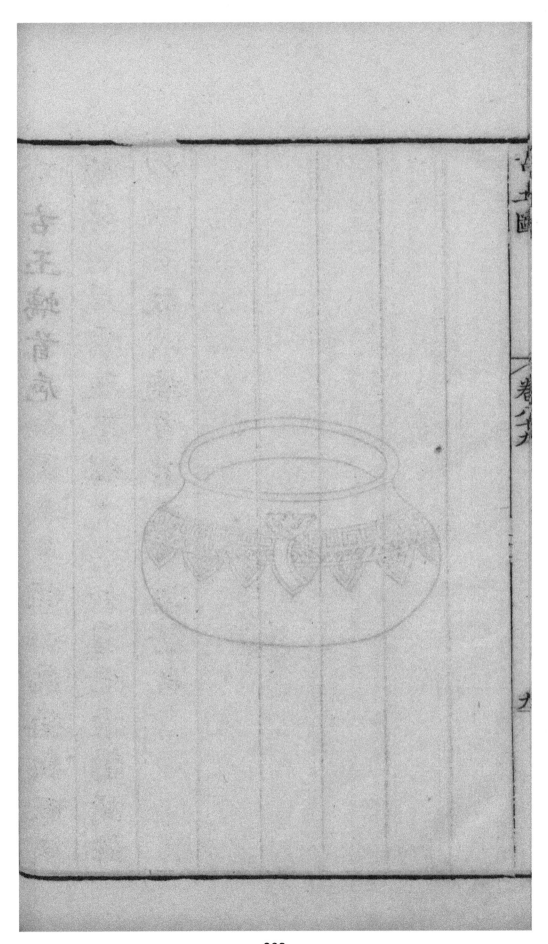

右卮高低大小如圖玉色微紅晶瑩無瑕項間瑑刻風雲腹下蟬文悉如前卮惟鋬間飾以螭首故以螭首名之亦漢物也

古玉雲雷卮

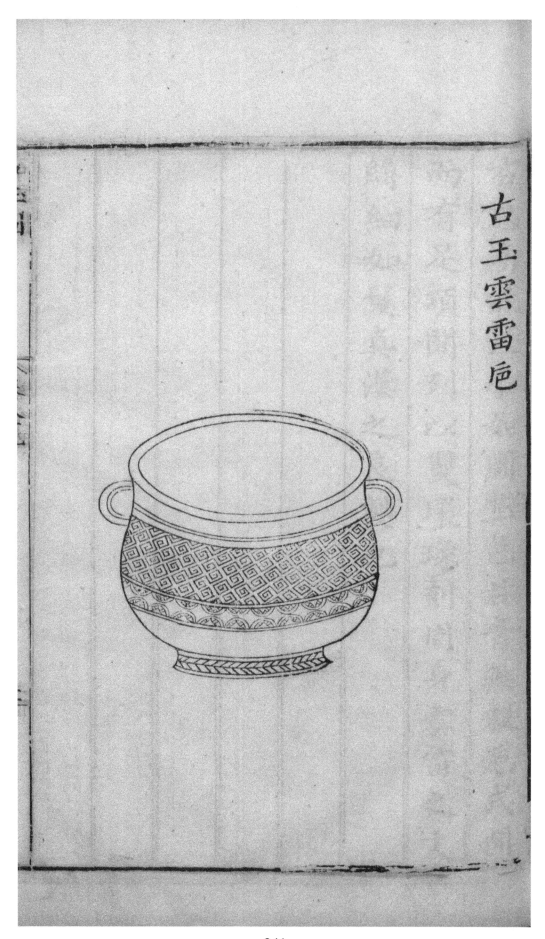

右卮高低大小如圖玉色甘青無瑕卮式圓而有足項間列以雙環瑑刻周身雲雷之文縟細如髮真漢之良製也

宋淳熙敕編古玉圖譜第八十九冊終

宋淳熙敕編古玉圖譜第九十册

古玉犧首杯

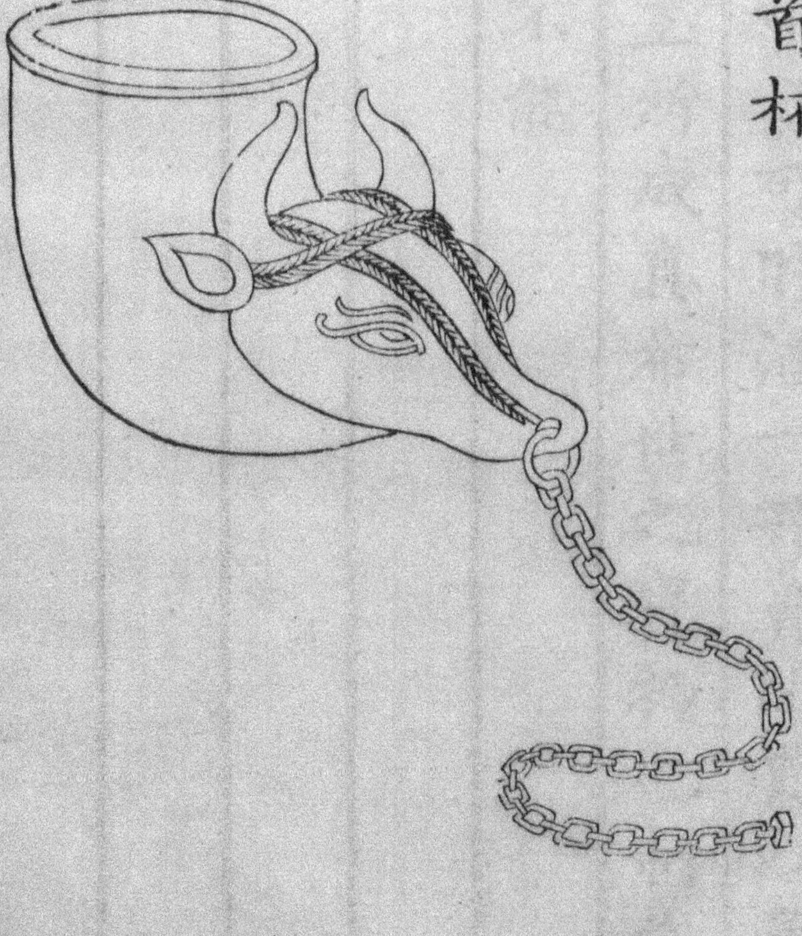

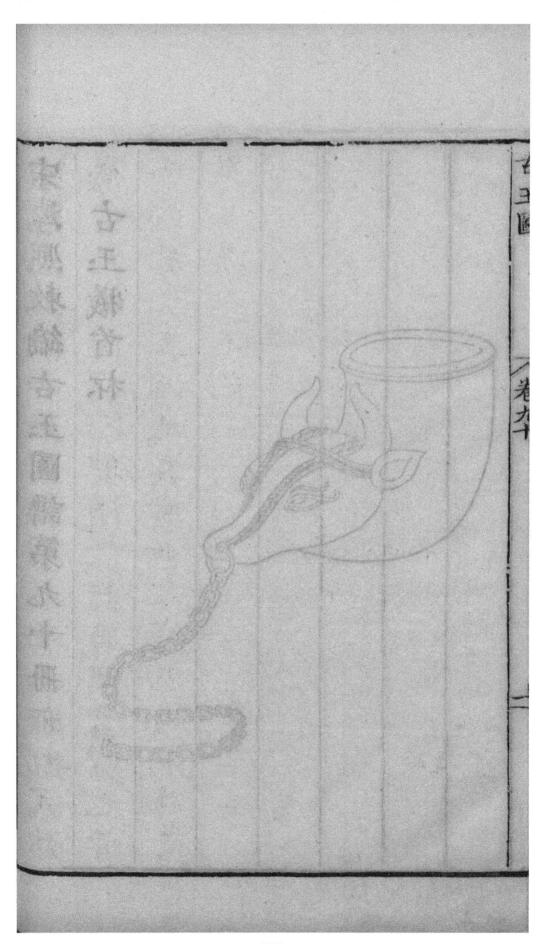

右杯長短大小如圖玉色翠碧無瑕杯式作犧首之形中空可貯酒一升鼻間貫以魚骨小索皆一玉所成真希世之寶物也制作奇巽非漢人不能

與非讓人不能

小宗皆一玉所成真希世之寶物也制作奇

櫳首之形中空可貯酒一升鼻門貫以魚骨

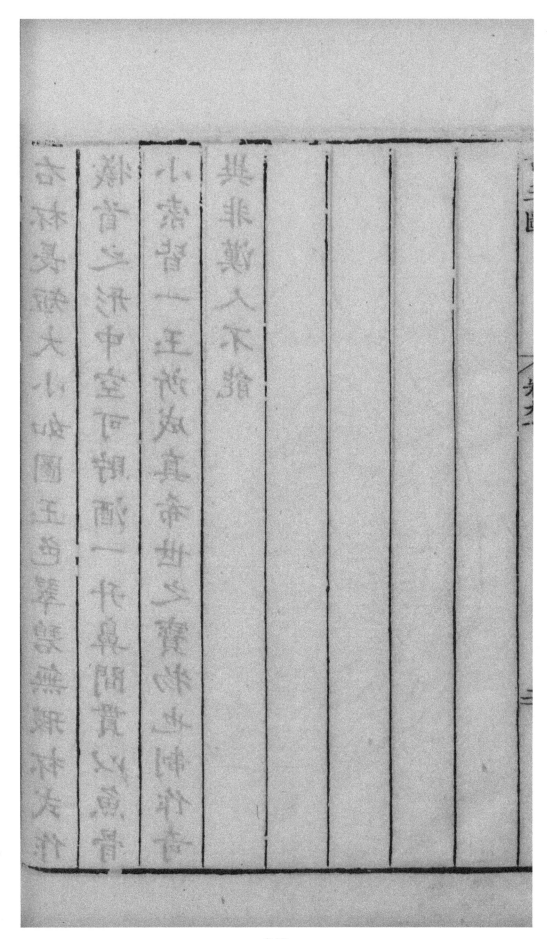

右杯長短大小如圖玉色翠碧無瑕杯式作

# 古玉蟠桃杯

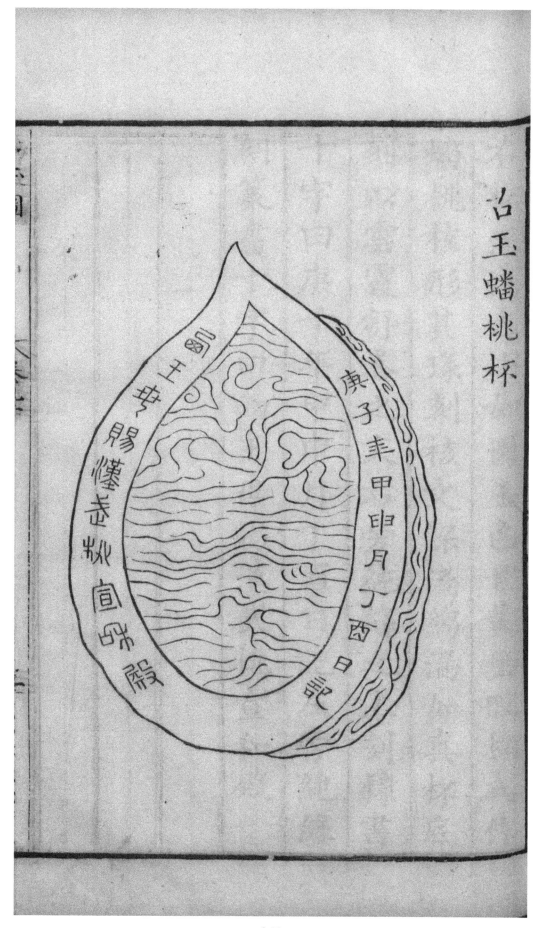

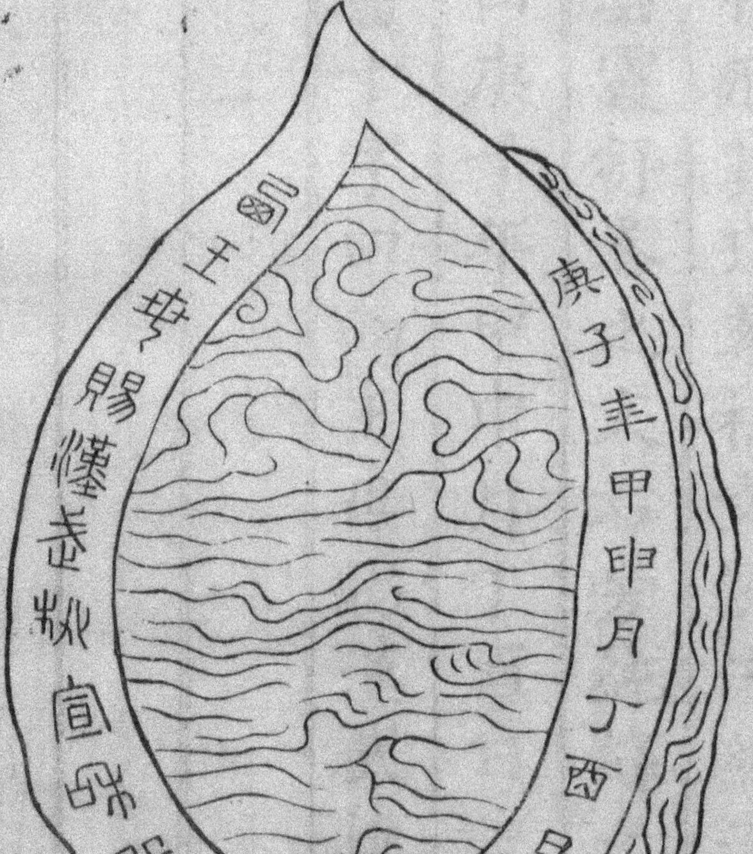
庚子秊甲申月丁酉日記

右杯深淺大小如圖玉色甘黃無瑕杯式作
蟠桃核形其瑑刻核文深淺縐漏如真杯底
刻以雲霞舒卷之文右旁純緣之上刻隸書
十字曰庚子年甲申月丁酉日記左旁純緣
刻篆書十字曰西王母賜漢武桃宣和殿

刻篆書十字曰西王母賜漢武桃宣和殿
十字曰庚子年甲申月丁酉日記左旁緣
刻以雲霞飾卷之文右旁緣之上刻隸書
隨桃核形其痕刻核文深淺纖縐如真桃核
有林源鐵大小如圖玉色甘黃無瑕枚大作

古玉龍觥

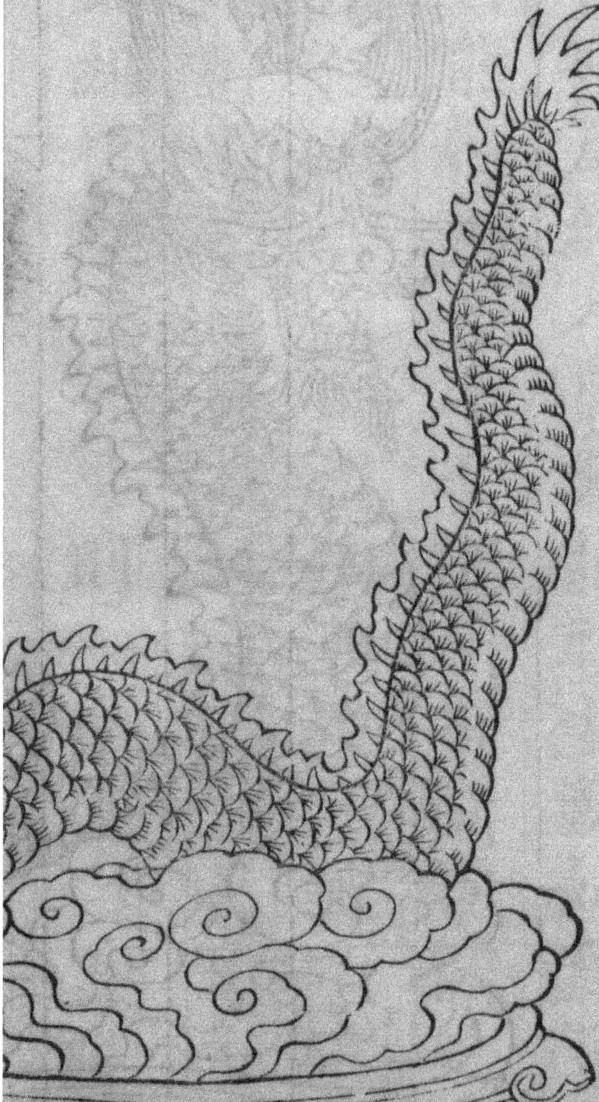

右觥屈曲尺度共一尺六寸五分龍首昂起六寸圓徑八寸一分龍身圓六寸四分項尾圓徑五寸三分玉色瑩白無瑕瑑刻龍身頭角鱗鬣鬚尾細入毫髮龍形生動如真兩眼懸空自能轉動舌本之下制有關捩開之便能出酒傾瀉合之即涓滴無遺龍首項中有竅可以貯酒二升酒滿則頭目鱗甲鬣尾皆紅色如緋桃飲淺一分則一分色白盖緣鱗

甲頭目片片琢刻皆空且希世奇珍也皇朝
天聖間于闐國王所貢祖宗以来傳為至寶

# 古玉伯寶卣

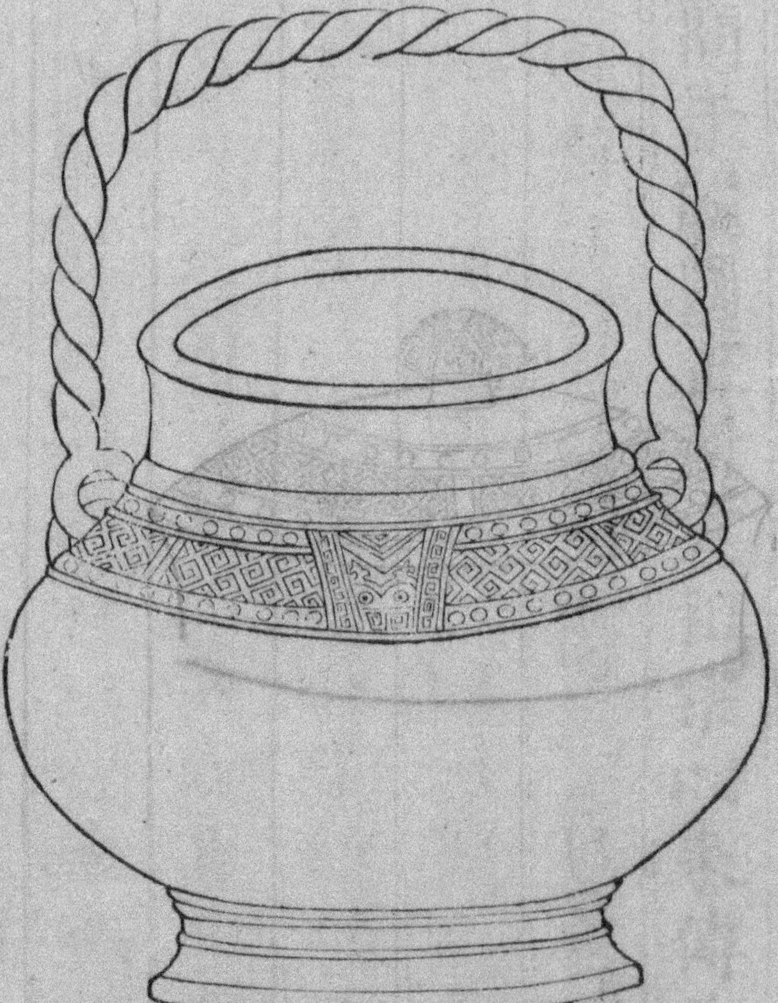

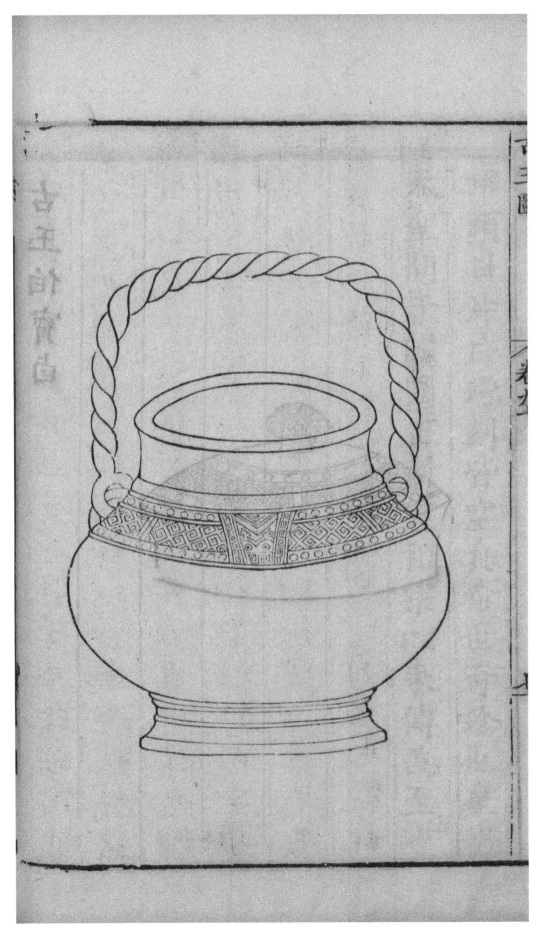

右卣高低大小如圖玉色淡碧璊斑微丹卣式有盖有梁瑑刻脰間飾以雷文連珠提梁飾之綯鈕臣謹按許氏說文云卣中尊也以盛鬱鬯者王者以卣實之秬鬯以錫功臣如成王寧周公之功而錫之以秬鬯二卣平王命文侯之德而錫之以秬鬯一卣是也觀此制度其為周器無疑

制度其為周器無疑

命文侯之德而銘之以拜晉一自是也備此

成王寧周公之功而銘之以祖魯三自乎工

藏魯會者王者以白實之拜會以錫功臣加

錫之綸餘臣謹按許氏說文云白中章也以

文有盖有銘釋刻源周舖以爲文連珠混淆

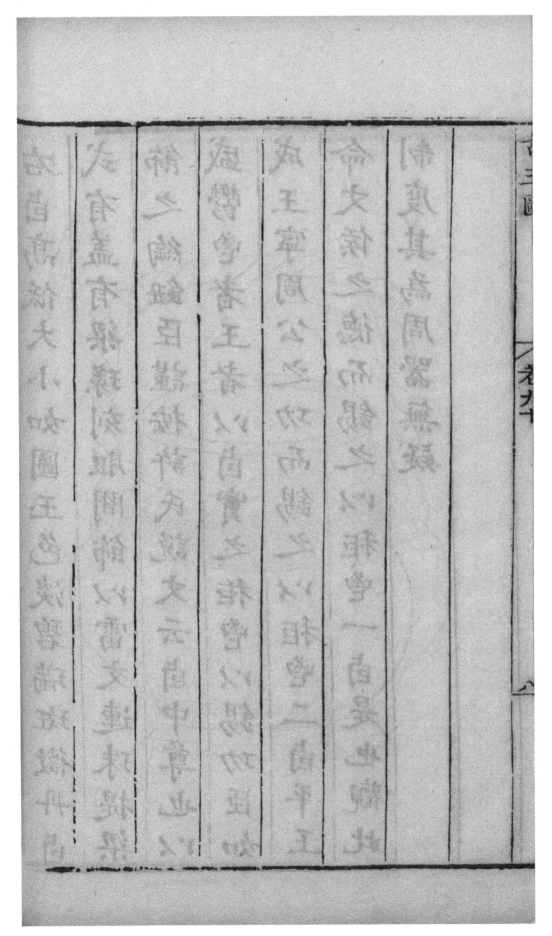

右自爲彼大小如圖王已漢昌稀琿微牛白

# 古玉父乙卣

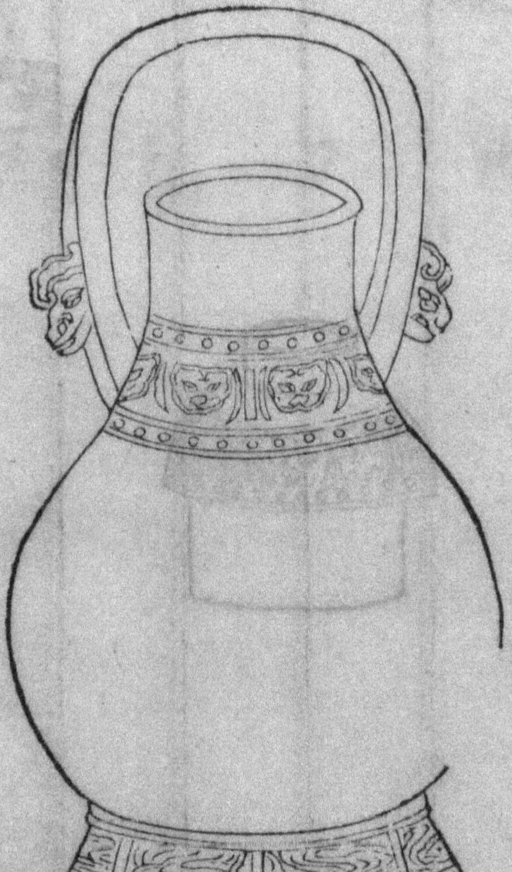

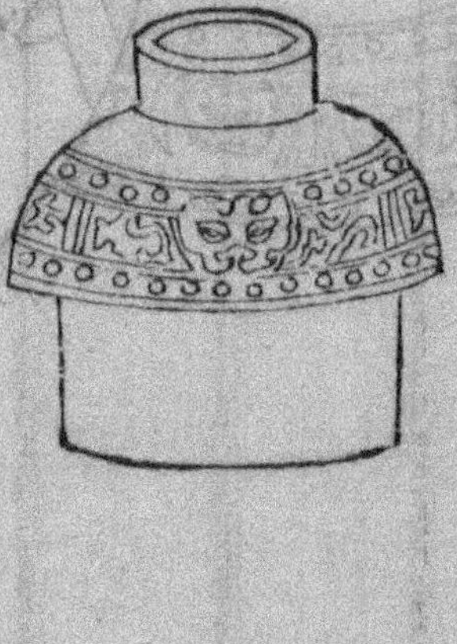

右卣高低大小如圖式圜長有梁有盖脰間瑑刻夔龍連珠足列雲霞之象制度古簡晚周之物也

# 古玉四足卣

右卣高低大小如圖玉色瑩白莟花青翠卣式圜而四足有盖有梁梁作絢紐股列蟠夔最為古雅有周之法器也

宋湻熙敕編古玉圖譜第九十冊 終

宋淳熙敕編古玉圖譜第九十一冊

古玉伯寶卣

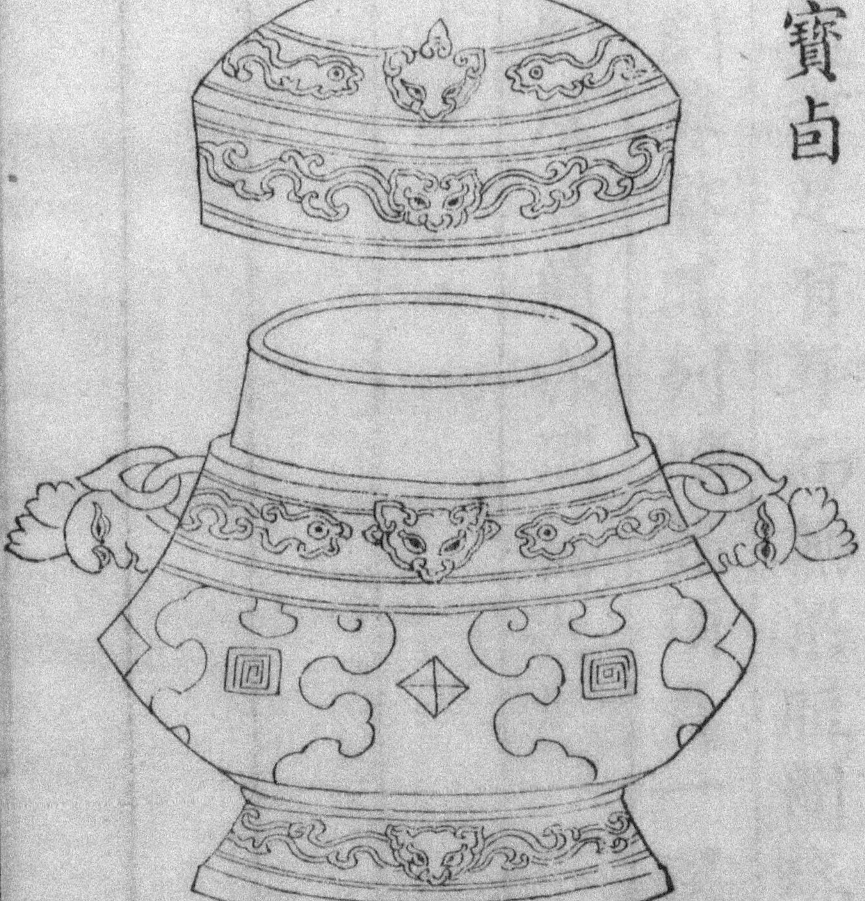

右卣高低大小如圖玉色瑩白璊斑匀布卣式圜長有蓋有足有耳而無梁脰間瑑刻犧牲之形腹刻饕餮耳列螭龍頂負一環維縶可代提梁制度古簡亦周物也

古玉母辛卣

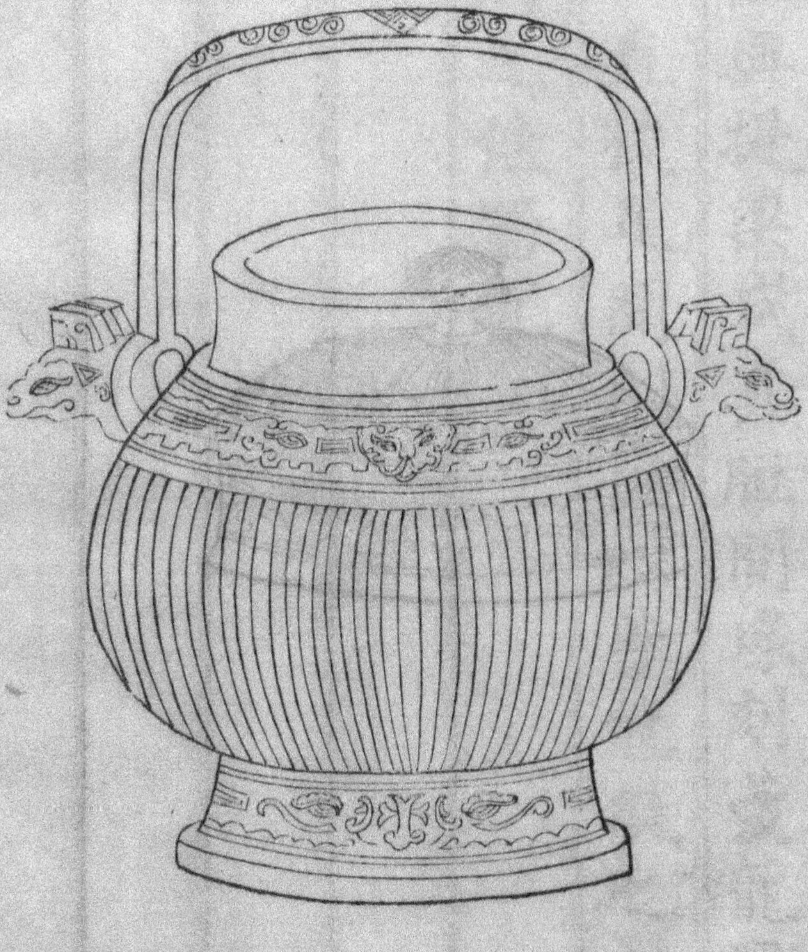

右卣高低大小如圖玉色淡碧無瑕卣式圜而有足蓋與提梁咸具脰間瑑刻夔龍獸面腹間飾以直稜足間則復以夔龍繞之制度文華盛周之佳器也

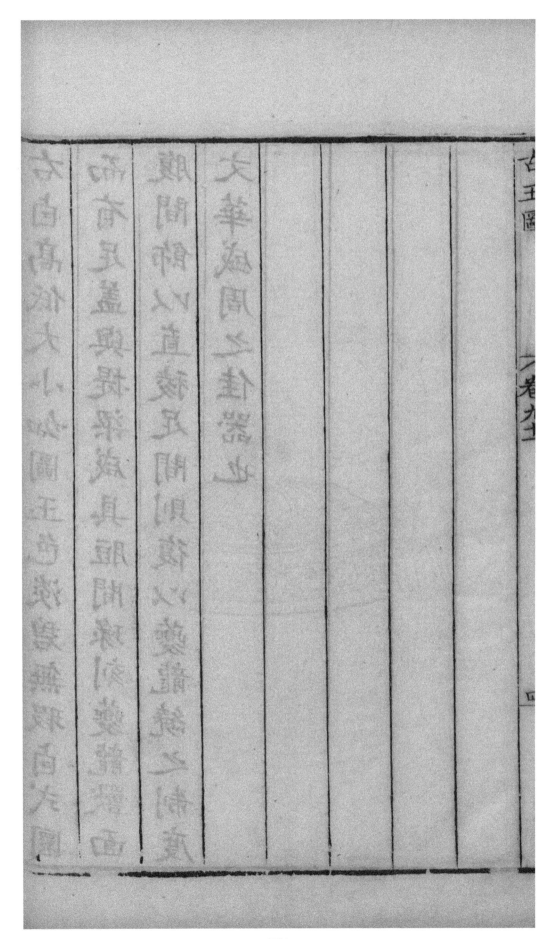

古玉魚紋卣

右卣高低大小如圖玉色甘青璊斑丹赤卣式四方上鋭下濶蓋與提梁咸備周身瑑刻魚紋間以山雲獸面華縟可愛周器何疑

古玉龜魚洗

右洗高五寸一分深三寸一分口徑一尺四寸足徑六寸三分玉色甘黃璊斑句染洗中瑑刻一龜而以三魚圍繞游泳如生夫洗貯水之器也龜魚水畜也以之飾洗合其義矣制度之精漢廷之良工也

制度之精深在之足上也

水之器也龜象水占也又之解況合其義矣

緣刻一龜石以三奧圖號浮漂如生大說府

寸及盈六寸三分五色甘黃瑞斑白花說中

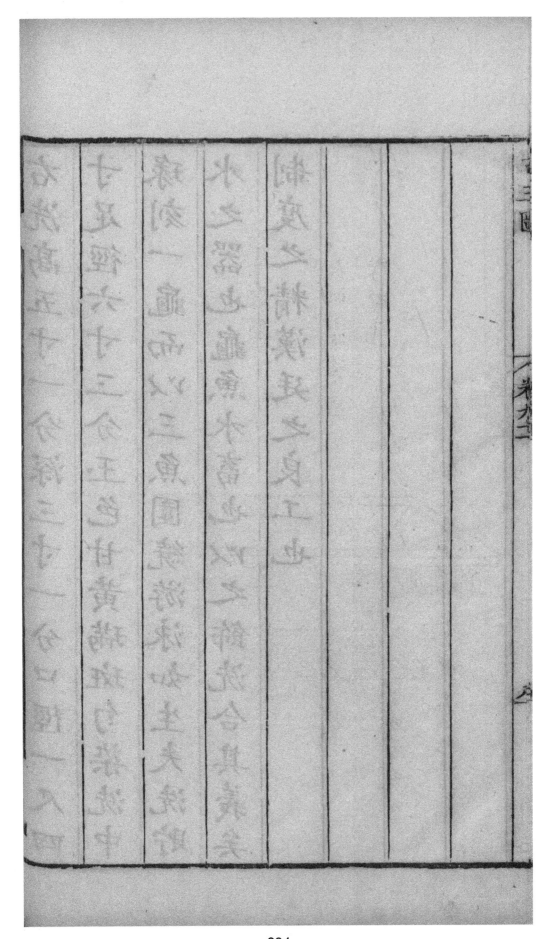

合潤高五寸一分深三寸一分口圍一入四

周玉太師簠

大師小子望

乍寶簠

太師小子望

作寶簠

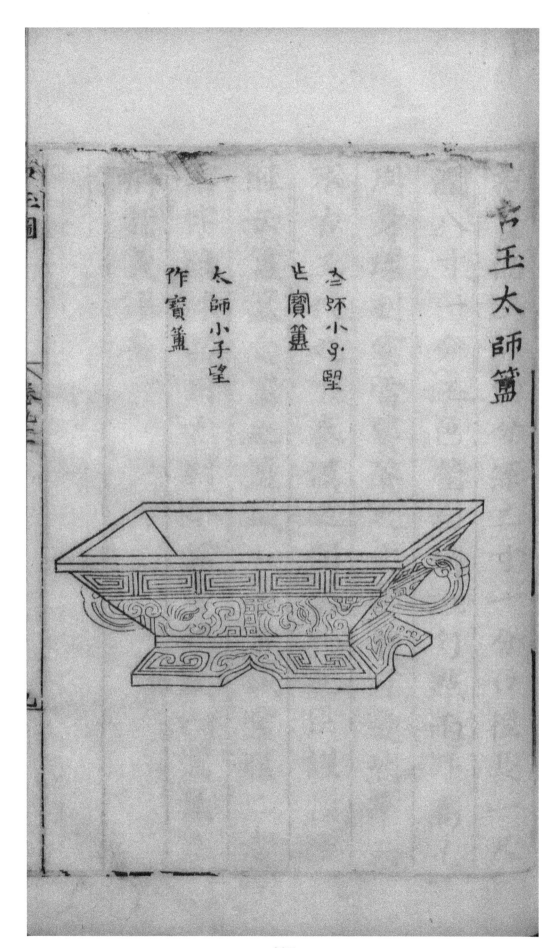

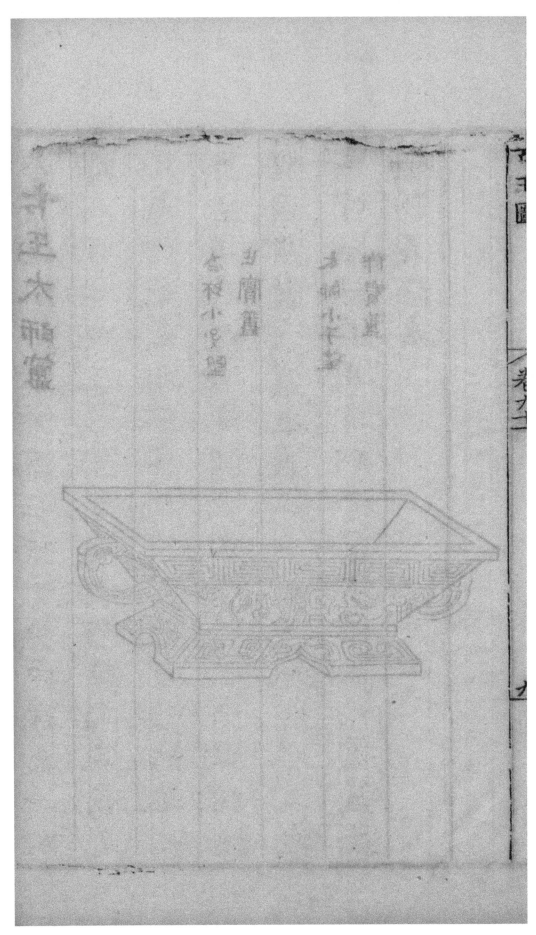

右簠高三寸四分深二寸一分口徑長一尺濶八寸一分玉色瑩白璘斑句點兩耳高足周身琢刻雲雷饕餮之文華麗可愛然華而不古三代之下秦漢之間器物也臣謹按禮經云簠簋食器也簠盛加膳簋盛常膳二者名字雖殊其用亦別今儒者臆度以簠簋並稱於義謬矣

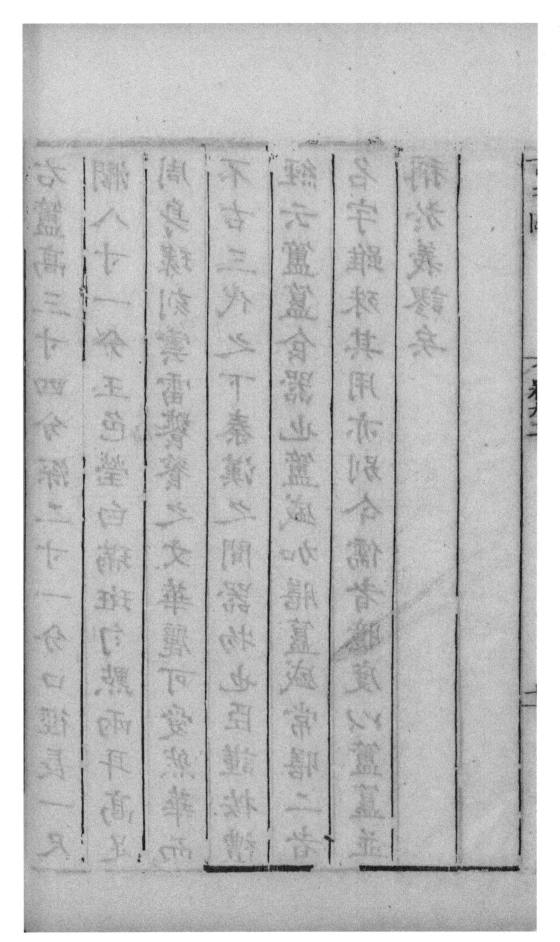

# 古玉京叔簋

銘五字

京叔乍寶簋

京叔作寶簋

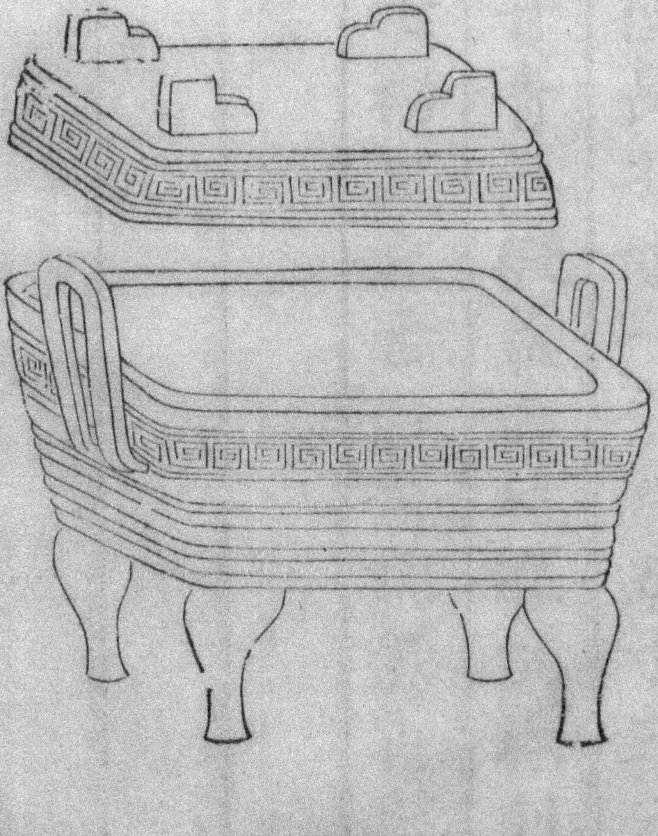

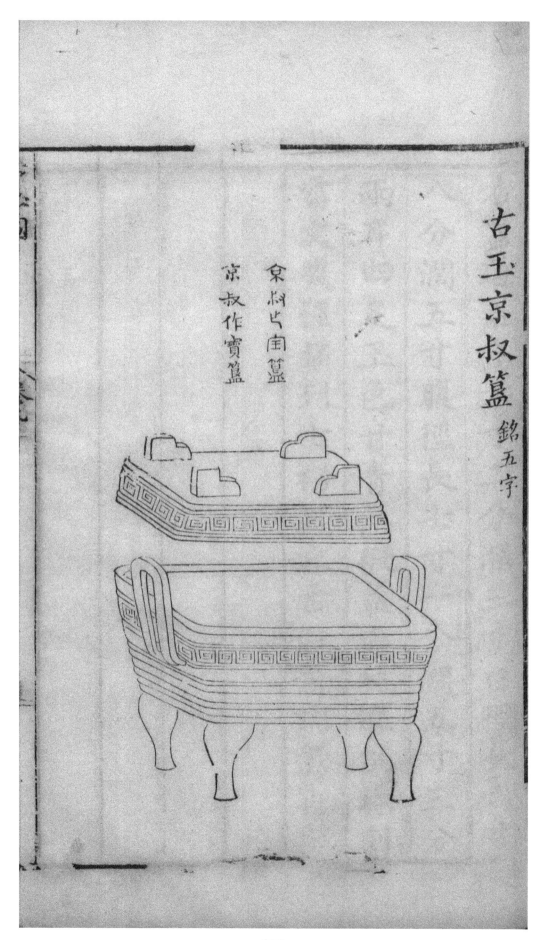

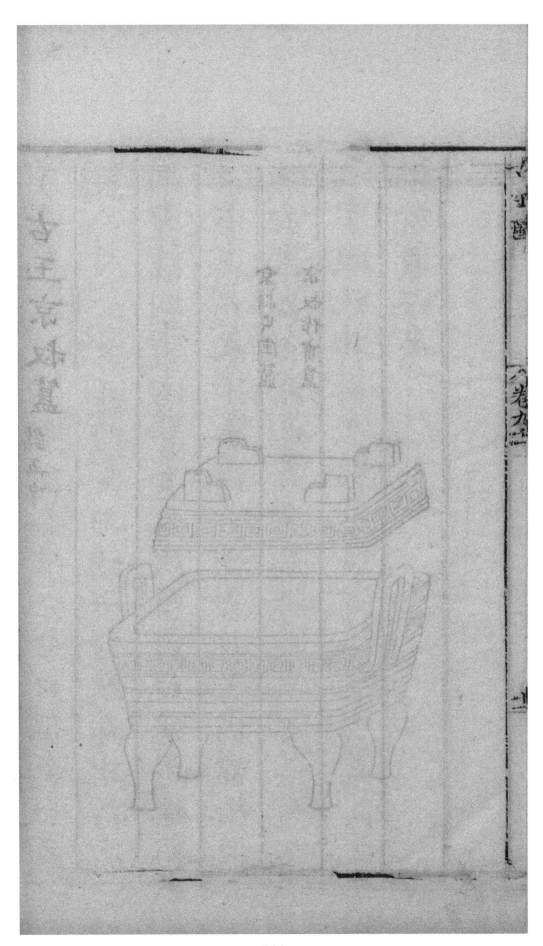

右簋通蓋高六寸二分深三寸口徑長六寸八分濶五寸腹徑長七寸一分濶五寸三分兩耳四足玉色甘青無瑕蓋與純緣俱琢刻雷文腹徑横列七楞式亦古雅蓋周器也

宋淳熙敕編古玉圖譜第九十一冊 終

宋淳熙敕綸古玉圖譜第九十二冊

# 古玉象首罍

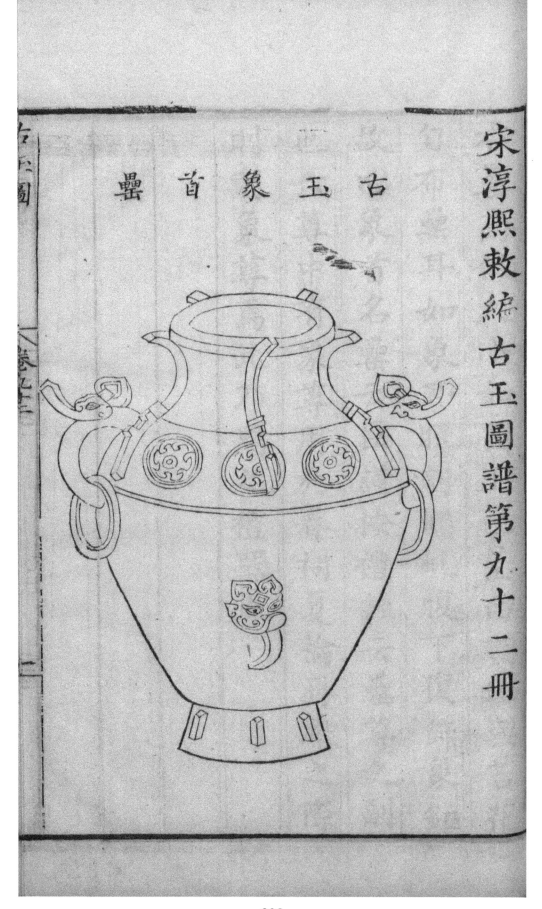

古玉象方壺

宋淳熙敕編古玉圖譜卷之六十二冊

右罍高低大小如圖玉色瑩白璊斑與苔花勻布罍耳如象耳脰刻蟠虬腹下復飾象鈕故以象首名罍云臣謹按禮經云罍尊之副也六尊中有象尊用於春祠夏禴再獻之際則副象尊焉此乃周之禮器也

則謂象尊為此乃周之禮器也

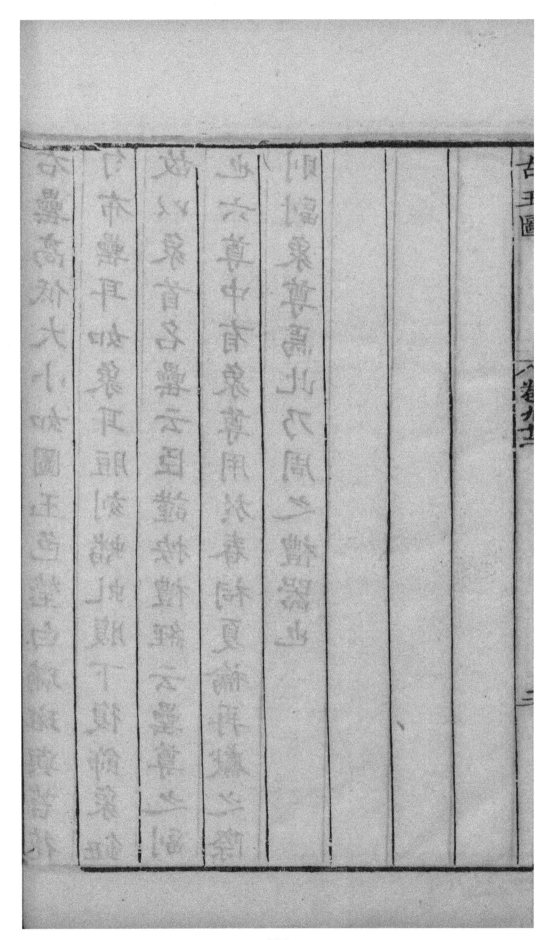

也六尊中有象尊用於春祠夏禴再獻之際故以象首名器云臣謹按禮經云罍尊之制刻布罍耳如象耳腹刻蟠虬腹下復飾象鈕古罍尊依大小如圖玉色溫白滿斑通古花

# 古玉雷文豆

古玉雷文豆

右豆高低大小如圖玉色甘黃璊斑勻點豆式圜而高足瑑刻雷文蓋之與足瑑刻亦同兩肩各列一環蓋上亦列三紐式亦奇矣制作古雅商周之遺物歟臣謹按三禮圖云豆乃其實水土之器亦所以養陰者也夏以楬豆商以玉豆周以獻豆制作雖殊所以實濡物之器則一也是以天子之豆二十有六諸公十有六諸侯十有二上大夫八下大夫七

凡以尚德也鄉老六十者三七十者四八十者五九十者六凡以尚齒也

古玉魚豆

古玉魚豆

右豆高低大小如圖玉色翠碧無瑕瑑刻周身魚紋夫豆盛濡物之器也則醢菹在焉是器飾以魚鱗而魚又為醢物之屬又為豐年衆多之兆故詩言衆維魚矣古之以多為貴者莫不取此

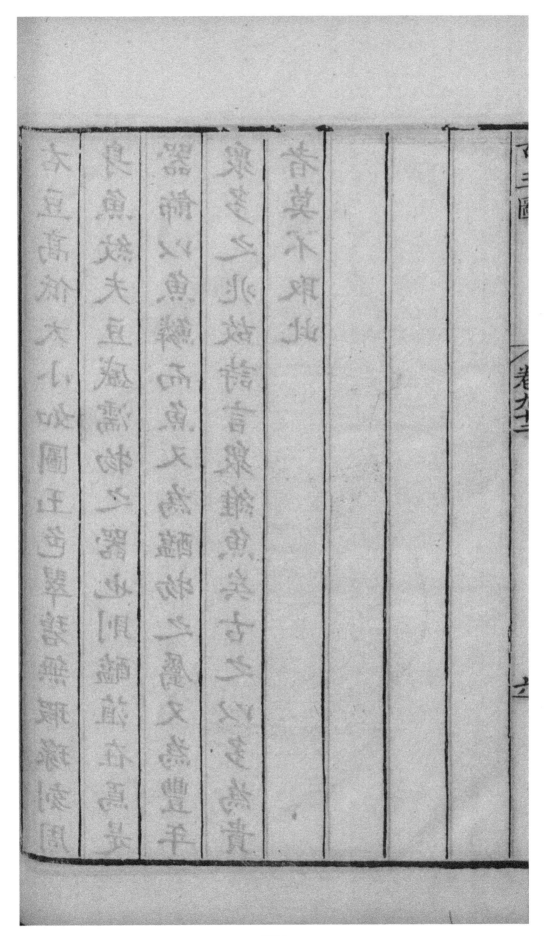

古玉父貝觶

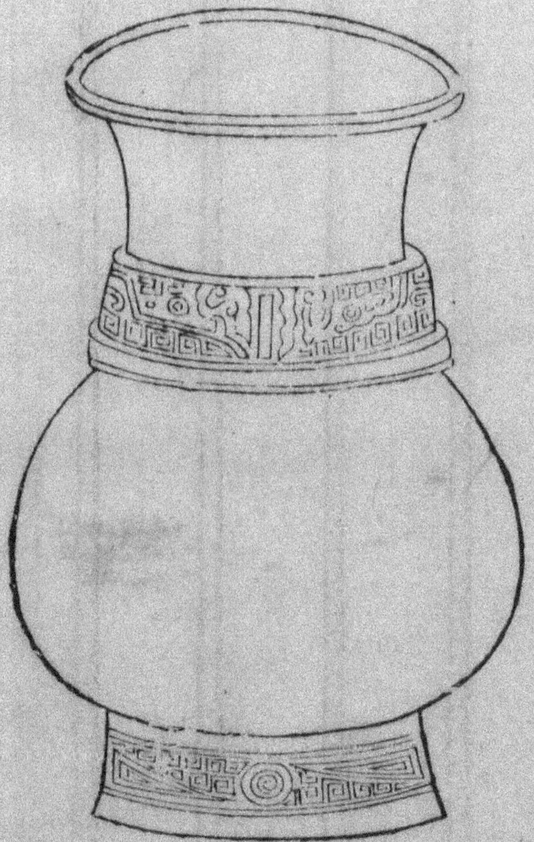

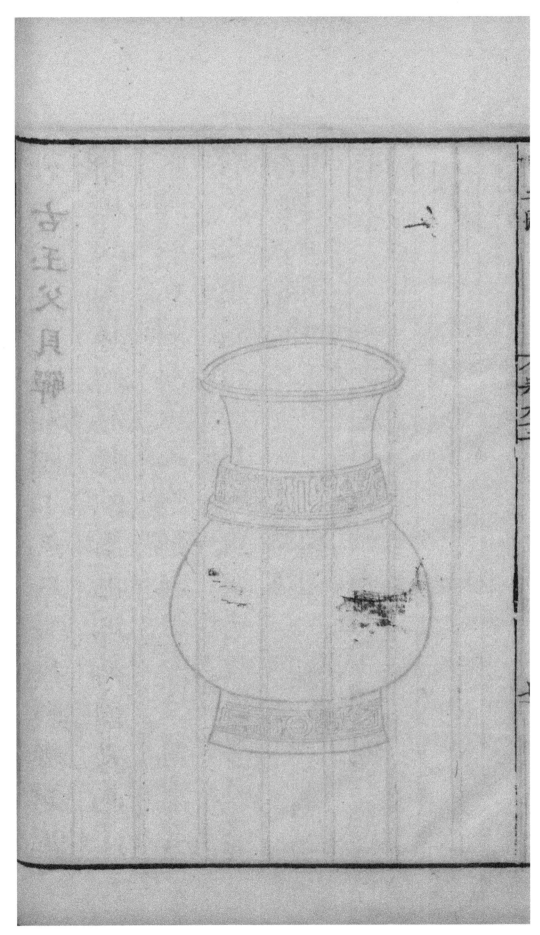

右觶高低大小如圖玉色甘青無瑕瑑刻脰間作雲雷螭虺之象制度古朴乃周器也

閒作雲雷纏虺之象制度古朴乃周器也

古彝高低大小如圖王已甘書無取據刻[illegible]

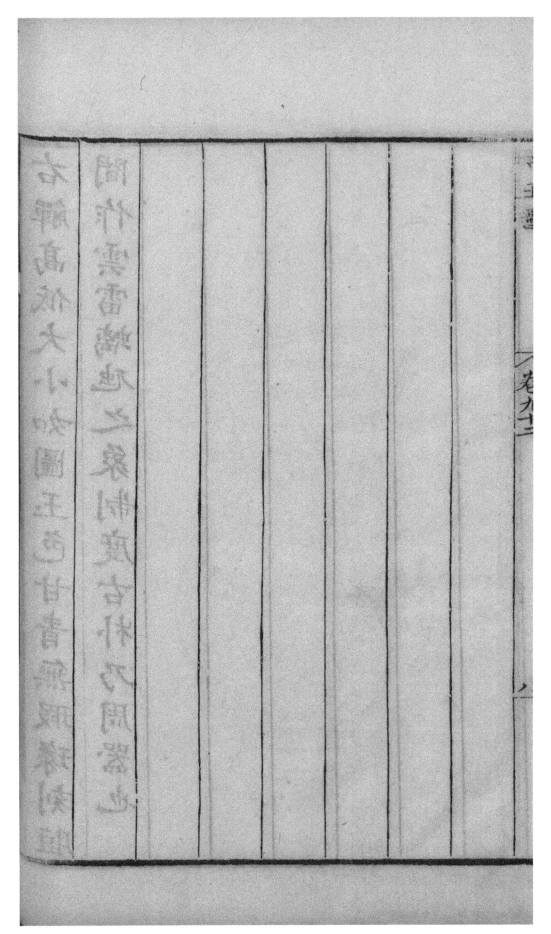

古玉立戈觶 銘一字

立戈形

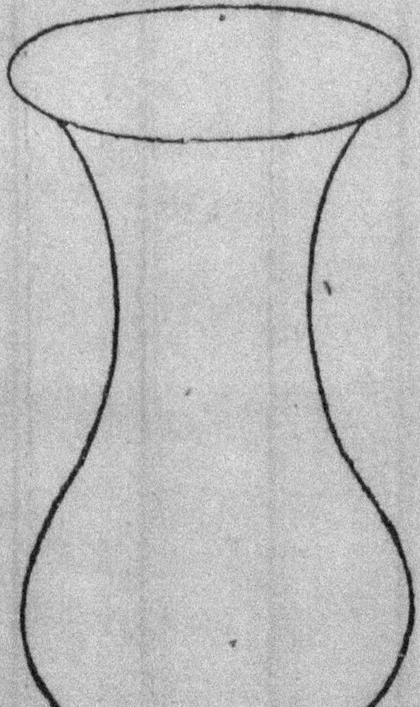

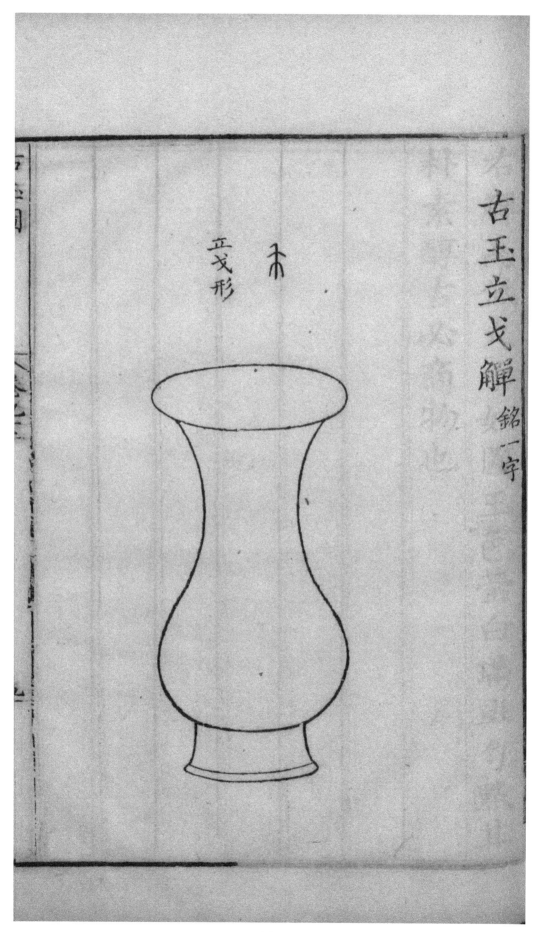

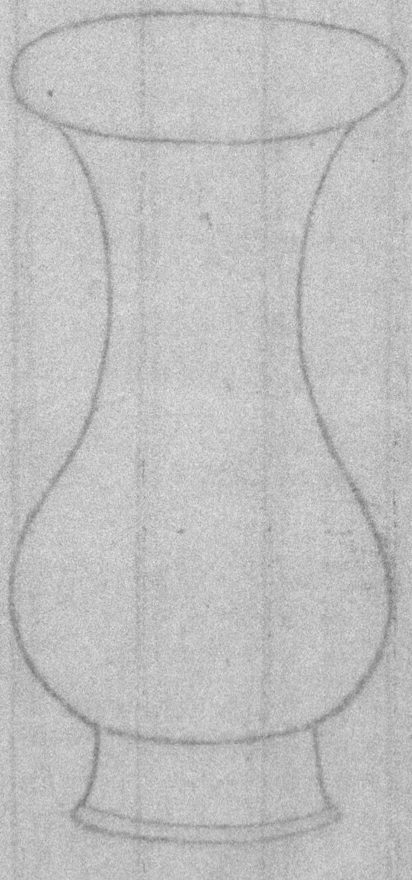

右觶高低大小如圖玉色瑩白璊斑匀點其朴素醇古必商物也

朴素醇古必商物也

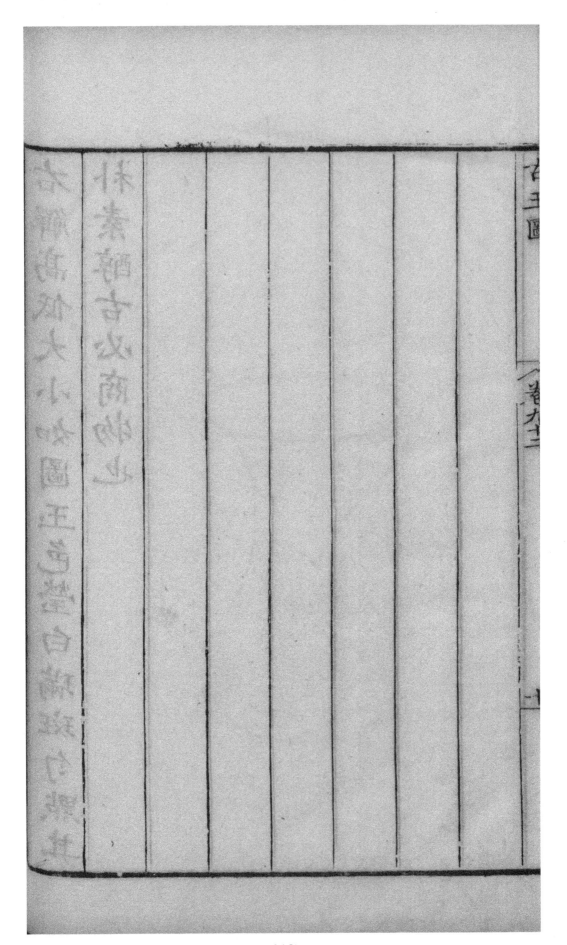

右籀高伋大小如圖玉色瑩白滿斑紅暈其

古玉饕餮觶

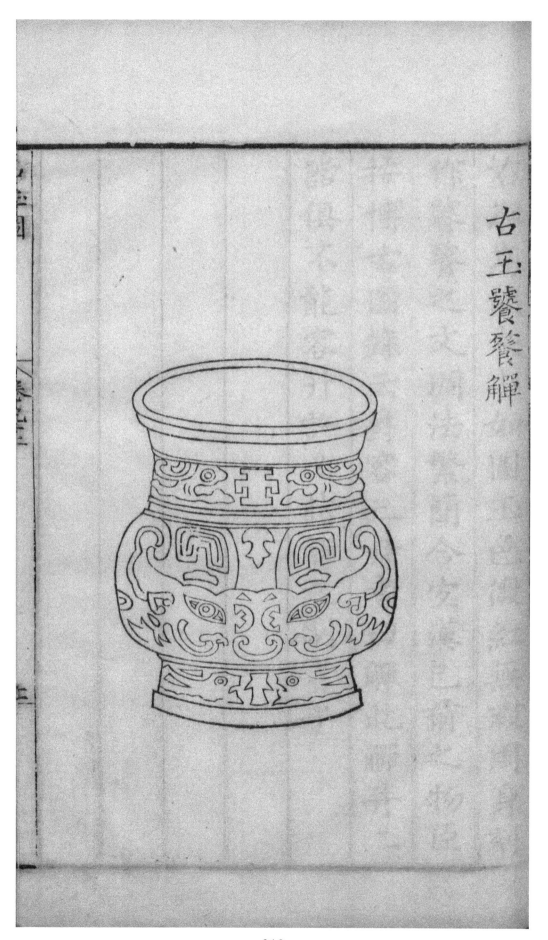

右觶高低大小如圖玉色微紅無瑕周身刻作饕餮之文琱法繁簡合宜漢已前之物臣按博古圖錄云爵容三升者曰觶此觶弁二器俱不能容升許必諸觶之副者乎

宋淳熙敕編古玉圖譜第九十二冊終

# 宋淳熙敕編古玉圖譜第九十三冊

## 古玉啟匜

[illegible]止
[illegible][illegible]
啓作
寶彝

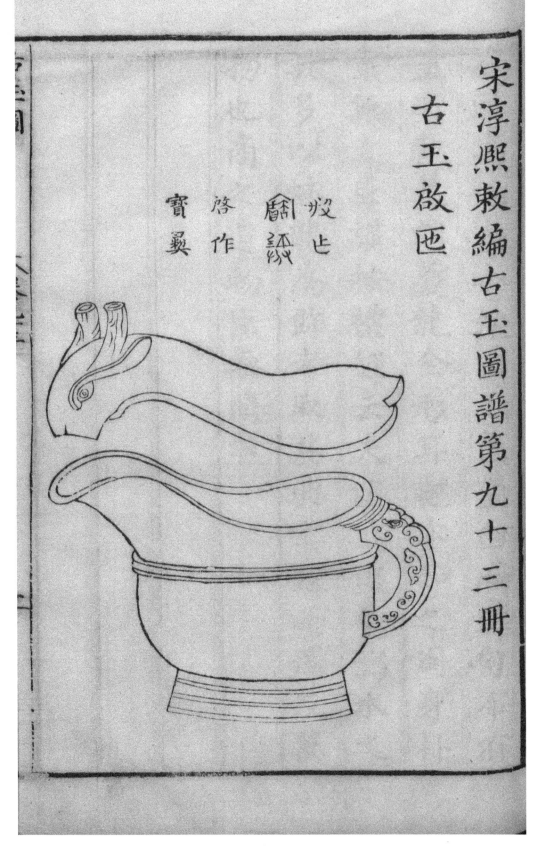

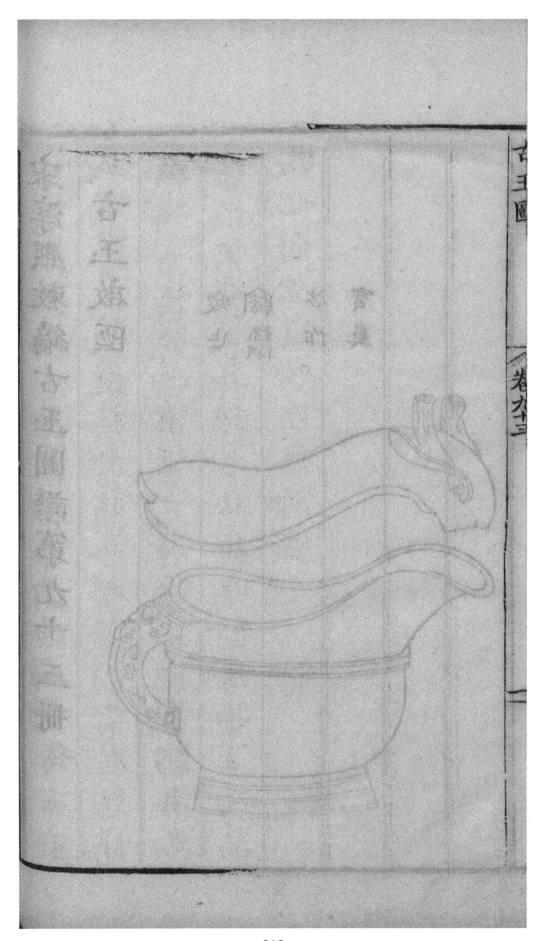

右匜高低大小如圖玉色瑩白璊斑勻布有蓋有靶蓋刻夔龍全形耳靶亦如之周身朴素無文臣謹按禮經云夫匜為盥手瀉水之具多以螭龍為飾者取其興雲致雨澤及萬物也商之遺物臣無間然

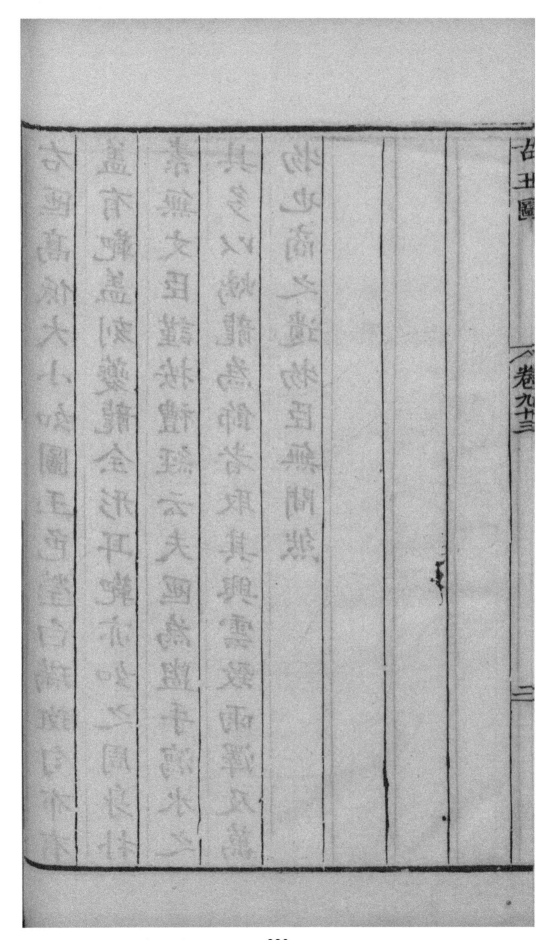

古玉文姬匜

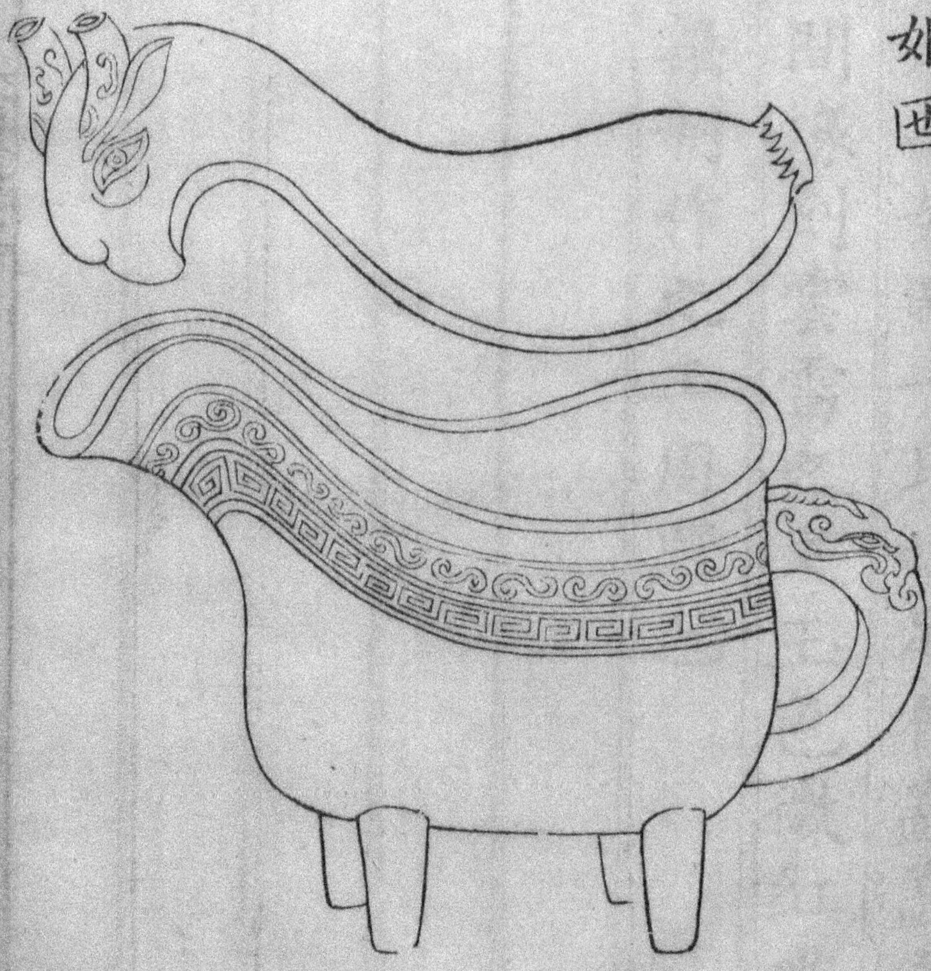

右匜高低大小如圖一耳四足有盖盖作全螭形體脰間琢刻雲雷之文玉色微紅璊斑與苔花點染制作之工周器也

與咨花點綴制作之工周器也

鐫形體度閒琢刻雲雷之文王色微紅稍斑

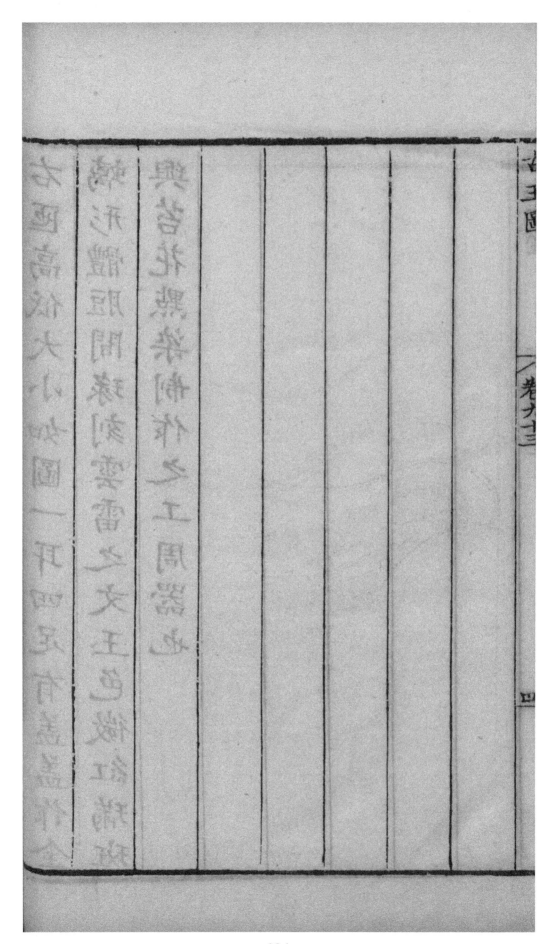

古圖高低大小各圖一耳四足有盖盖作人

古玉盉皇父匜

古王盉寶文匜

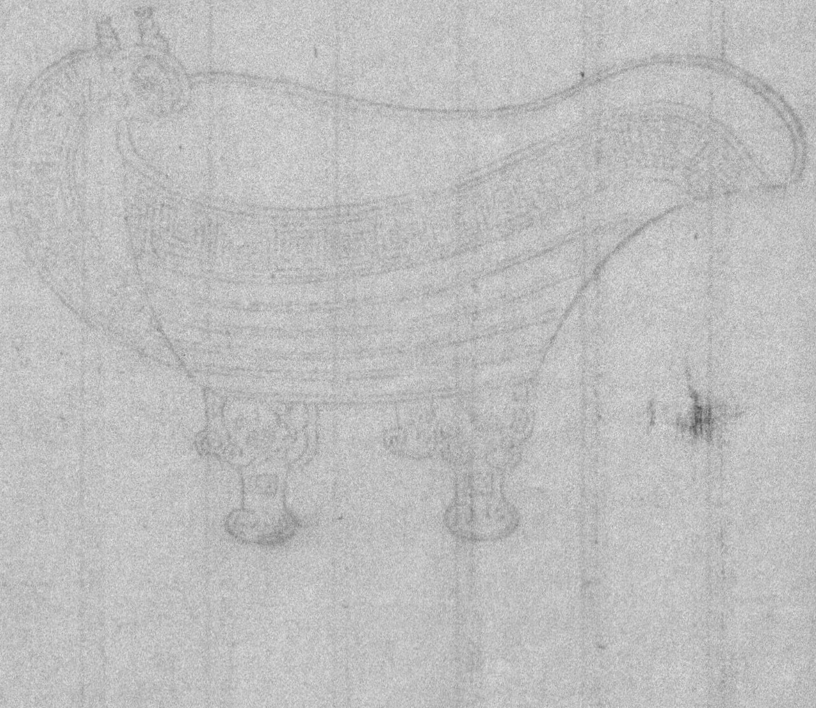

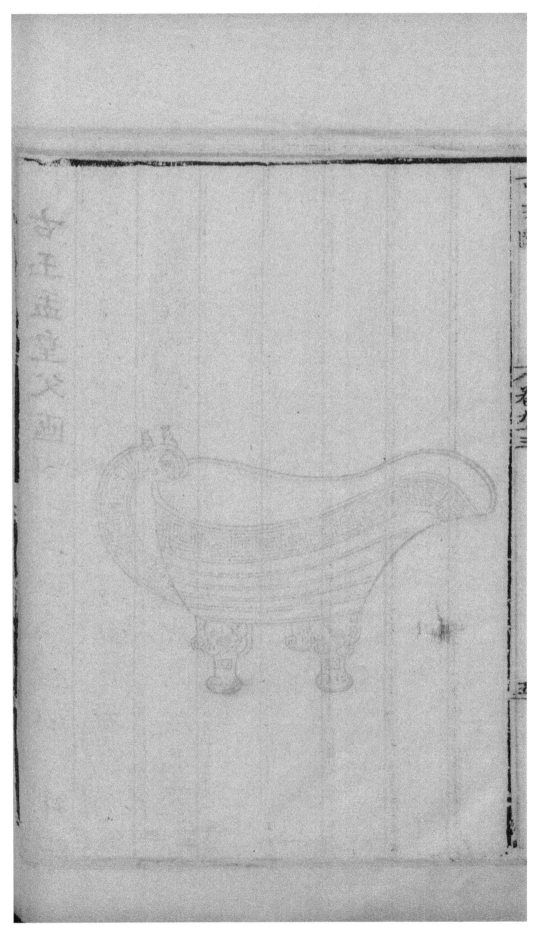

右匜高低大小如圖土色翠碧無瑕一耳四足而缺其蓋純緣而下刻以雷文四足一耳皆以螭龍為飾制度古雅盛周法度之器也

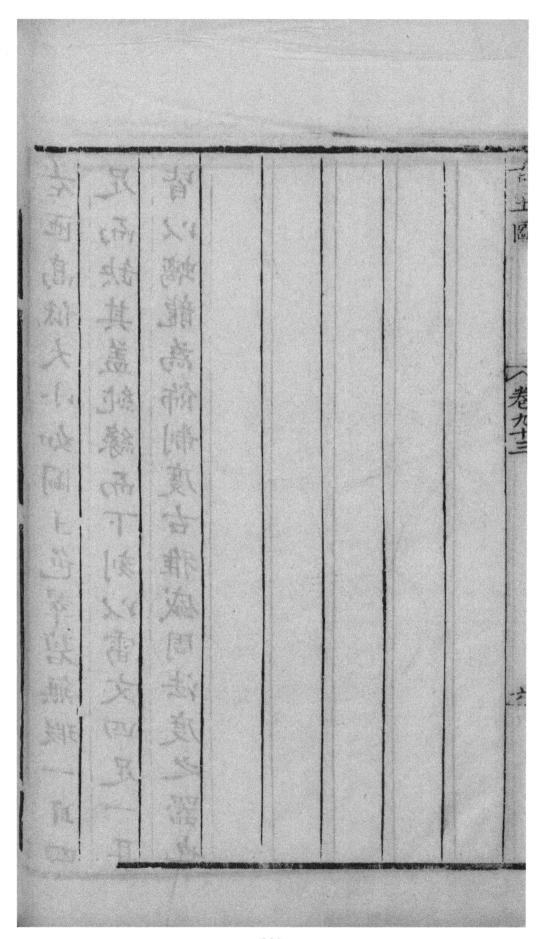

# 古玉二螭匜

右匜高低大小如圖玉色純紫無瑕有盖而無耳周身朴素無文盖作全螭形體而有子螭二頭左右蜿蜒圍繞宛若生成乃商末周初之物也

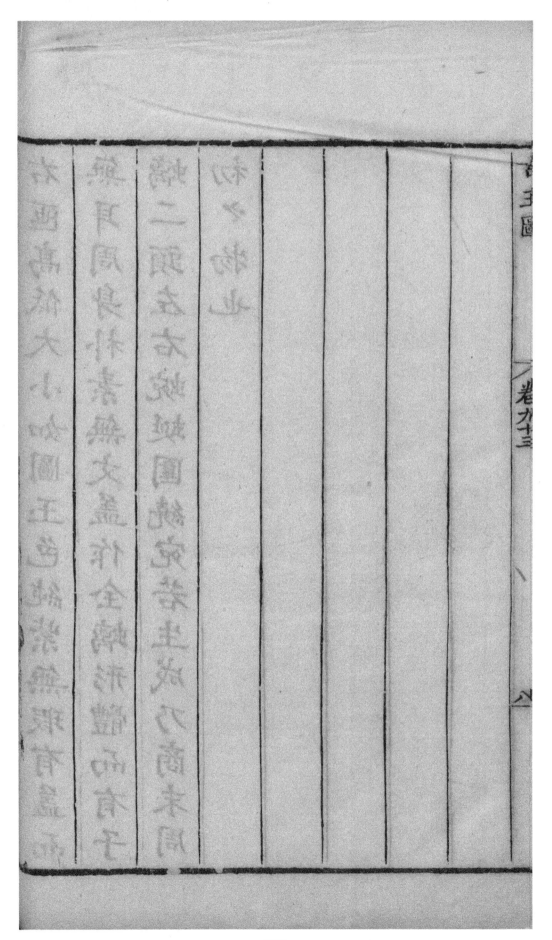

古玉季姬匜

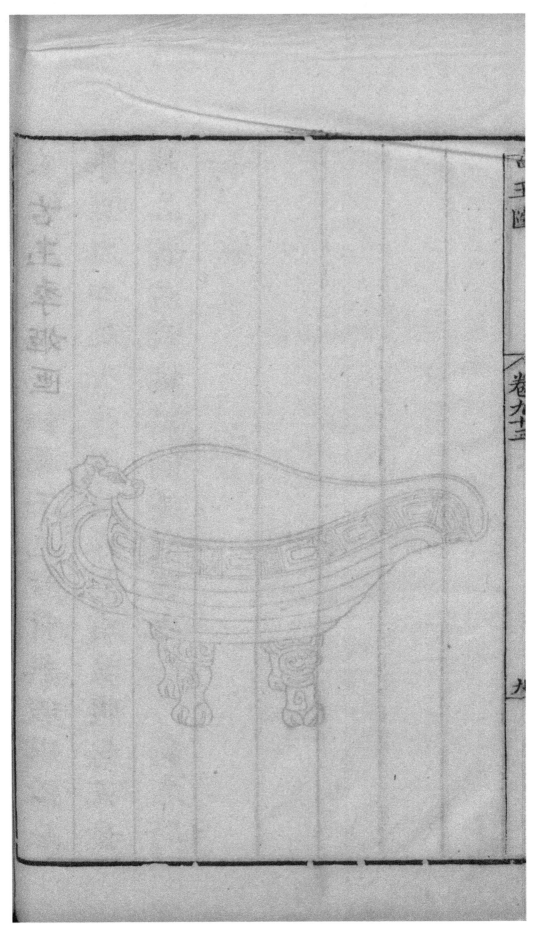

右匜高低大小如圖玉色甘黄無瑕璊斑點
染匜有四足一耳脰間瑑刻雷篆腹起五稜
耳足皆以蛟螭為飾亦周器也

耳足皆以蛟螭為飾亦周器也

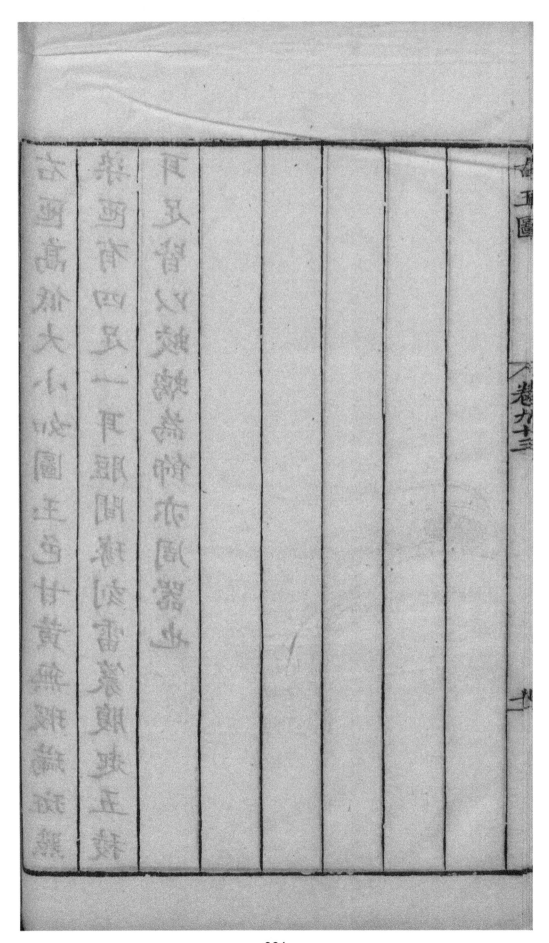

徑圍有四足一耳腹間隱起雷紋腹徑五技

右圖高依大小分圖玉色甘黃無瑕瑞班璐

古玉弡伯匜

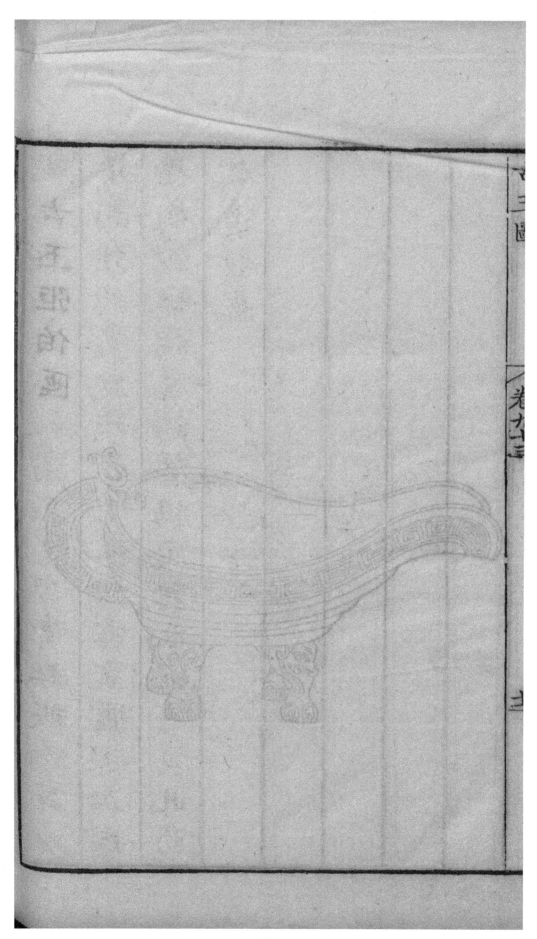

右匜高低大小如圖玉色甘青無瑕一耳四足而缺其邊純緣之下刻以雷文腹下六楞橫列以螭飾下以饕飾足與他匜有異此商之遺物也

之遺物也

禮列以為飾下之人[illegible]有異此者

[illegible]文服下大夫

[illegible]大[illegible]

古玉圖譜第九十三冊 終

古玉圖譜

十六

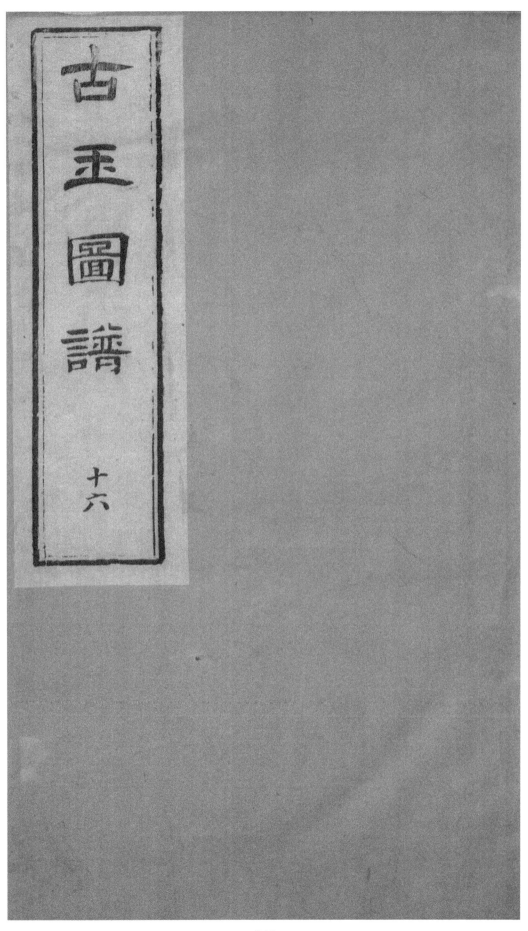

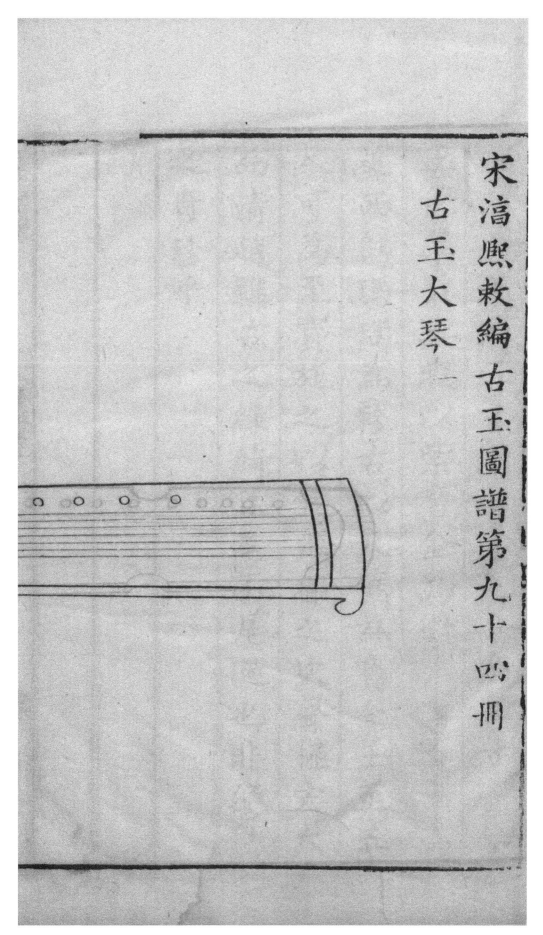

宋濇熙敕編古玉圖譜第九十四冊

古玉大琴一

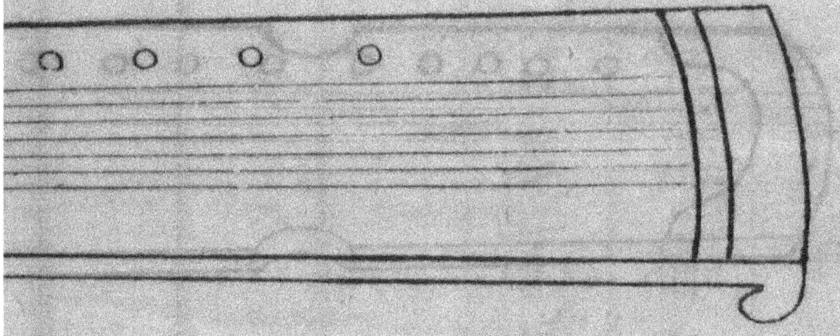

右琴長五尺五寸濶七寸九分高五寸一分玉色翠碧無瑕以紫磨金為徽羊脂白玉為足西紅瑪瑙為軫古以尺璧為寶今玉至五尺可為至寶施之以絃彈操之次聲極宏大而清越雖古之綠綺焦尾不是過也非絕世之奇珍乎

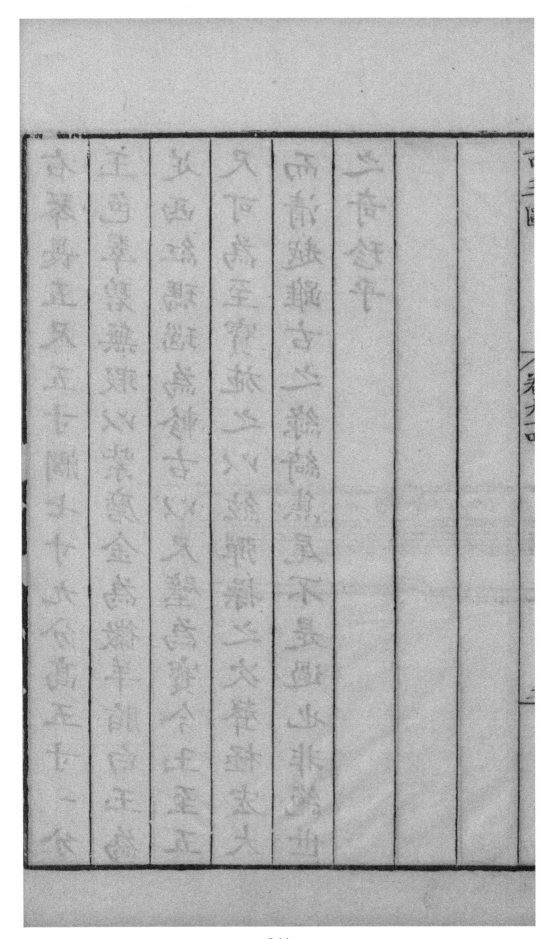

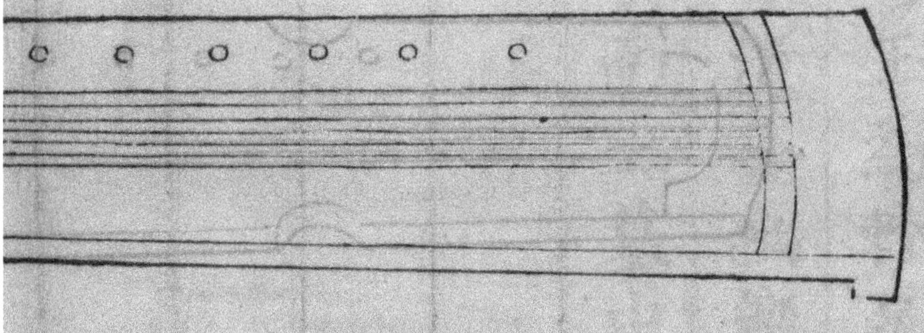

古玉大琴二

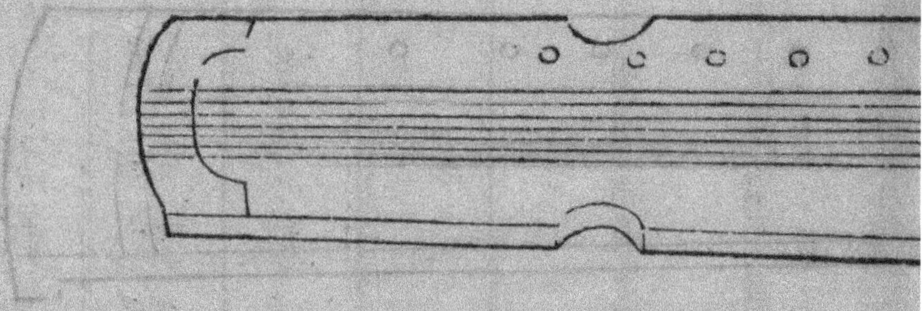

右琴長短濶狹如圖玉色瑩白無瑕以瑟瑟寶石為嶽以于闐綠玉為軫足背刻漢隸四字曰玉磵鳴泉其聲清泠幽響絕勝絲桐至寶二琴云出自漢淮南王墓中盖漢物也

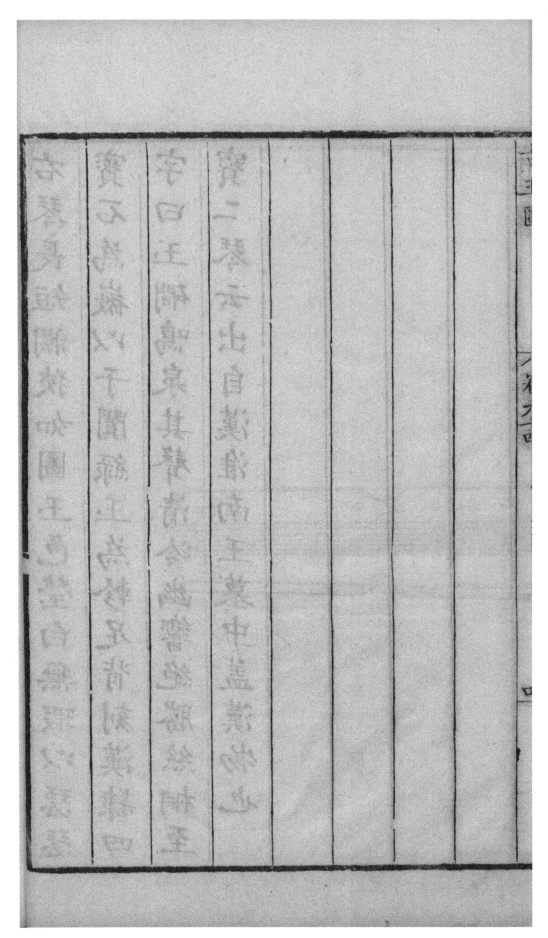

古玉花乳鐘

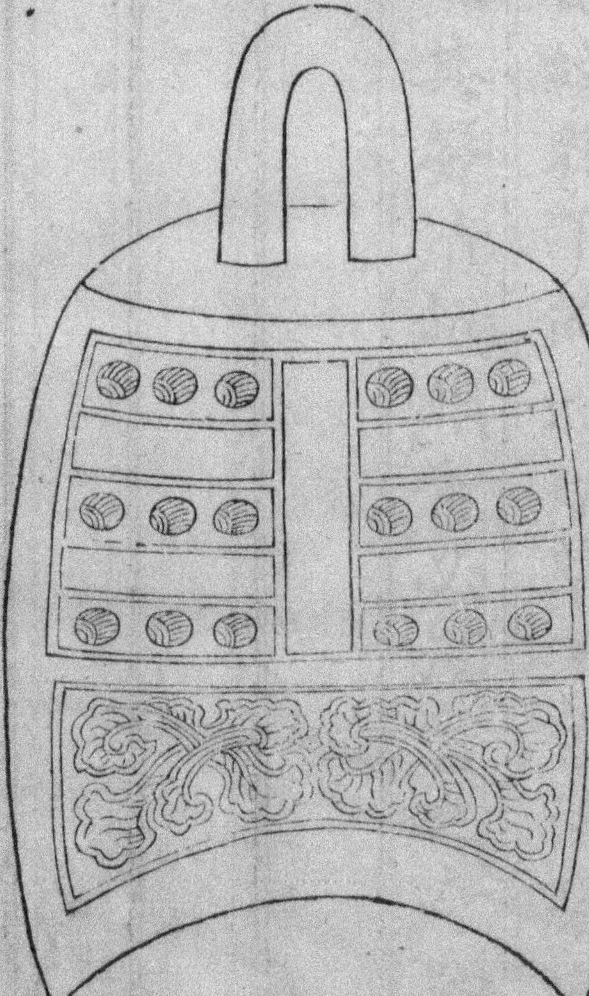

古玉花乳鐘

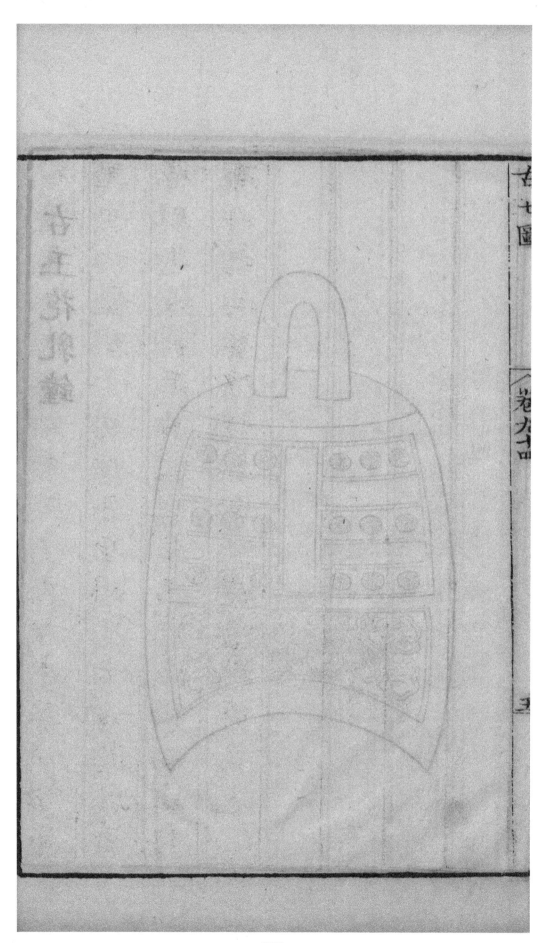

右鐘高八寸四分圓徑一尺六寸五分紐高三寸一分濶一寸六分身列三十六乳乳皆瑑刻花紋乳下飾以瑞草玉色淡碧璘斑匀布叩之其聲清越非常必漢宮之奇器也

市叩之其聲清越非常必漢宮之寺器也

環列花紋乳下飾以入瑞草主色沃翠瑞行

三寸一分濶一寸六分身列三十六乳註

右鐘高八十四分兩欒一尺六寸五分容給紹

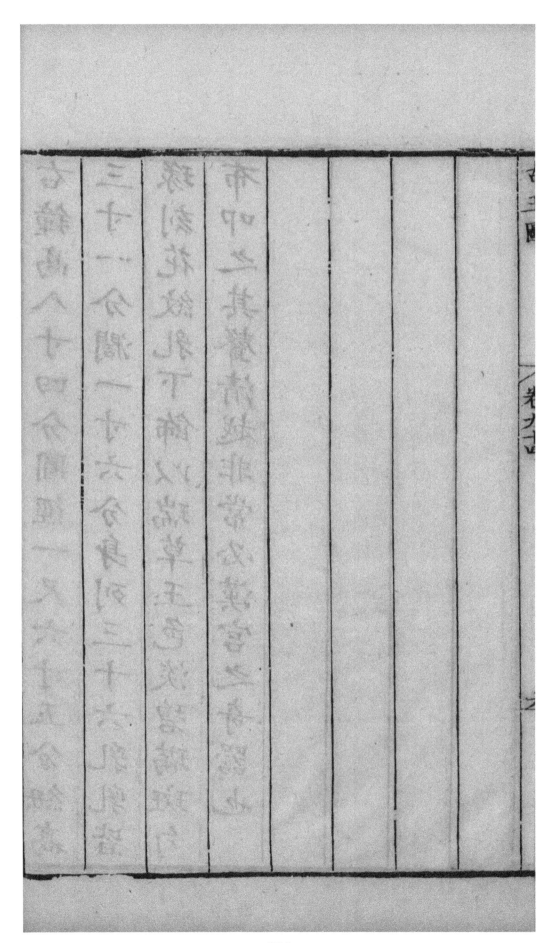

古玉虺鈕鐘

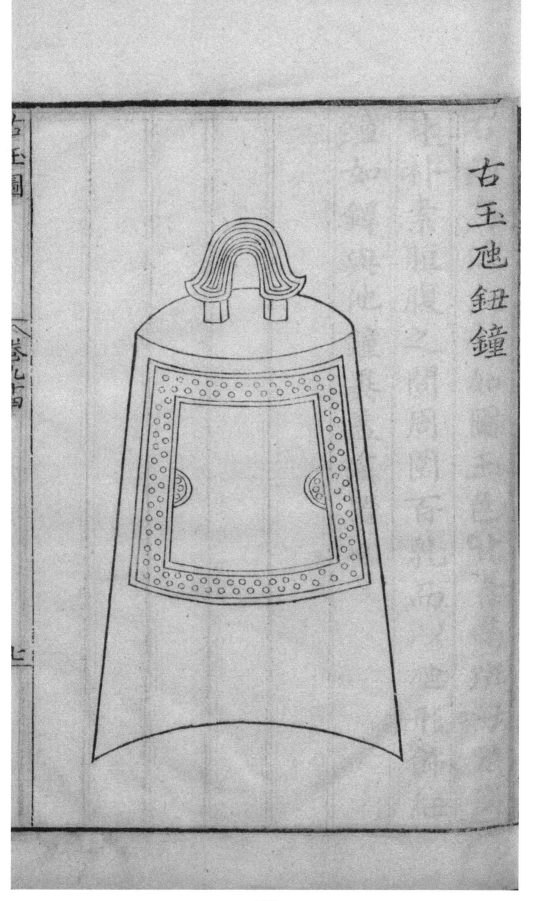

右鐘高低大小如圖玉色甘青璊斑勻點周身朴素脰腹之間周圍百乳而以虺形飾紐鐘如鐸與他鐘異蓋漢器也

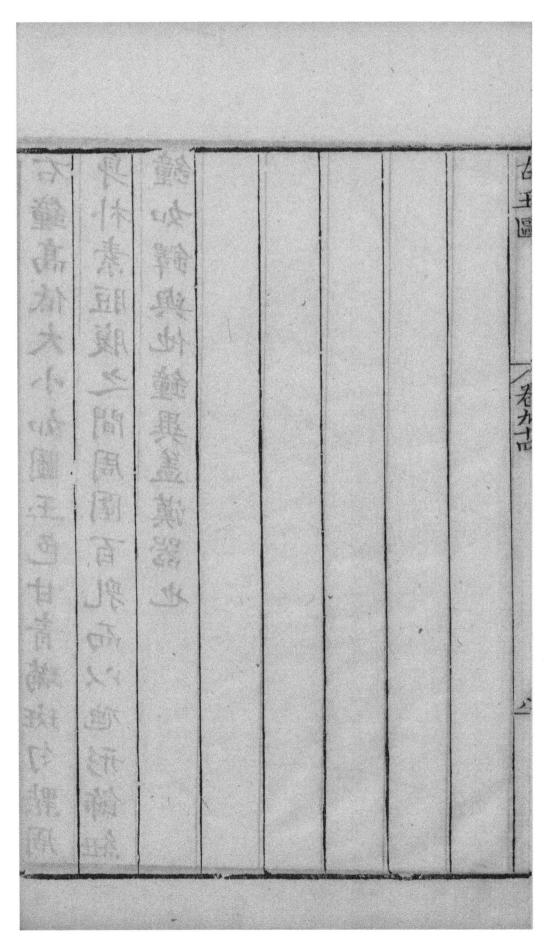

# 古玉窖磬

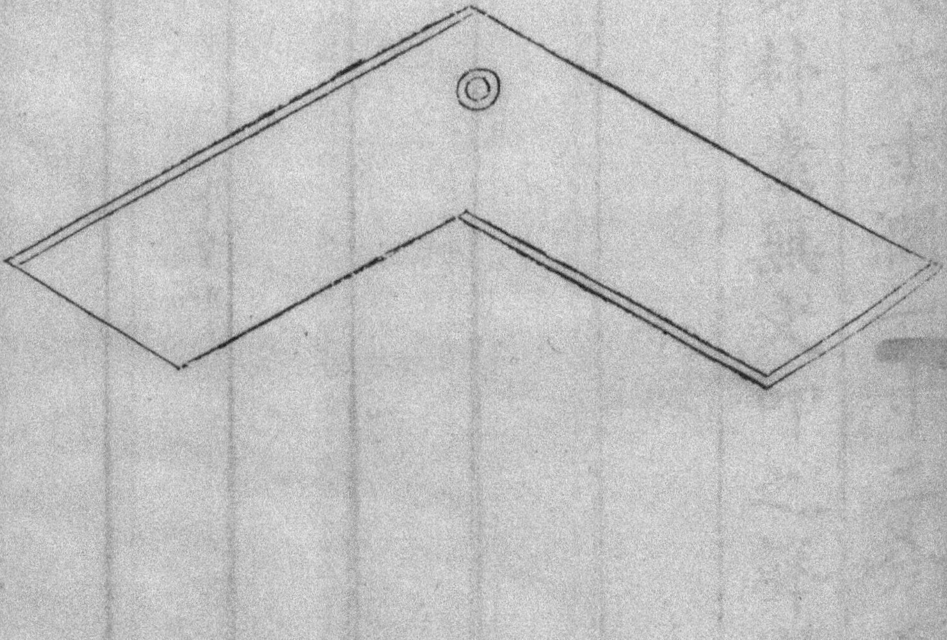

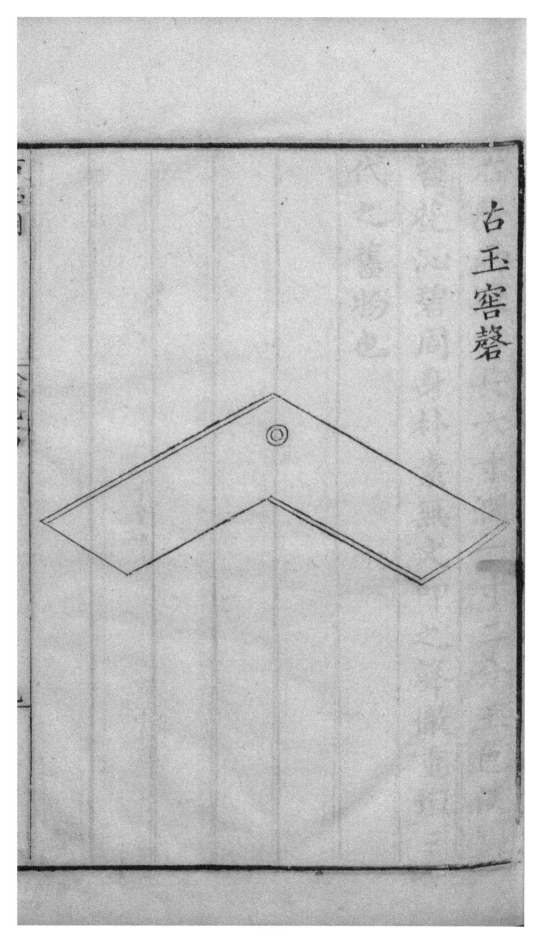

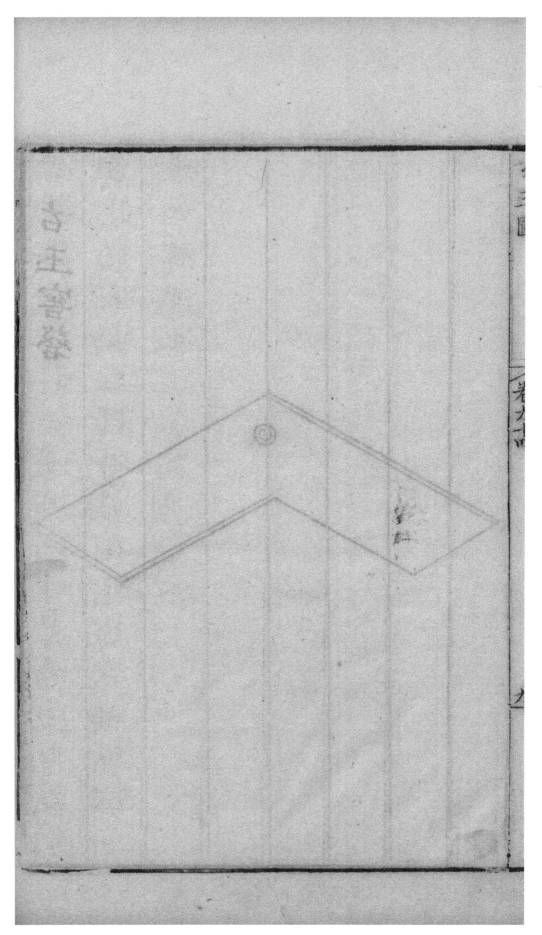

右磬兩股各長六寸濶一寸二分玉色淡淡苔花沁碧周身朴素無文叩之聲徹重垣三代之舊物也

室鑄兩股各長八寸五分濶一寸四分[illegible]

分其色非青無綠四周[illegible][illegible][illegible]文四[illegible]最

古雅叩之其聲甚清非若[illegible][illegible]然

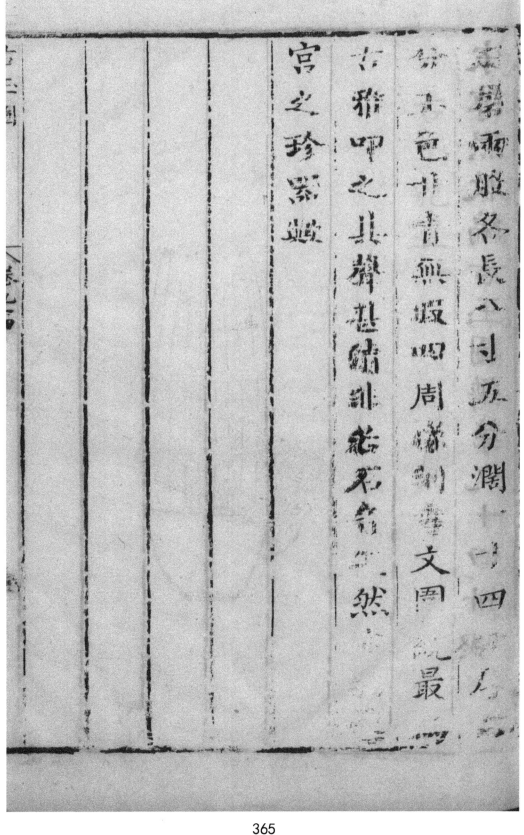

宮之珍器歟

宋淳熙敕編古玉圖譜第九十四冊　終

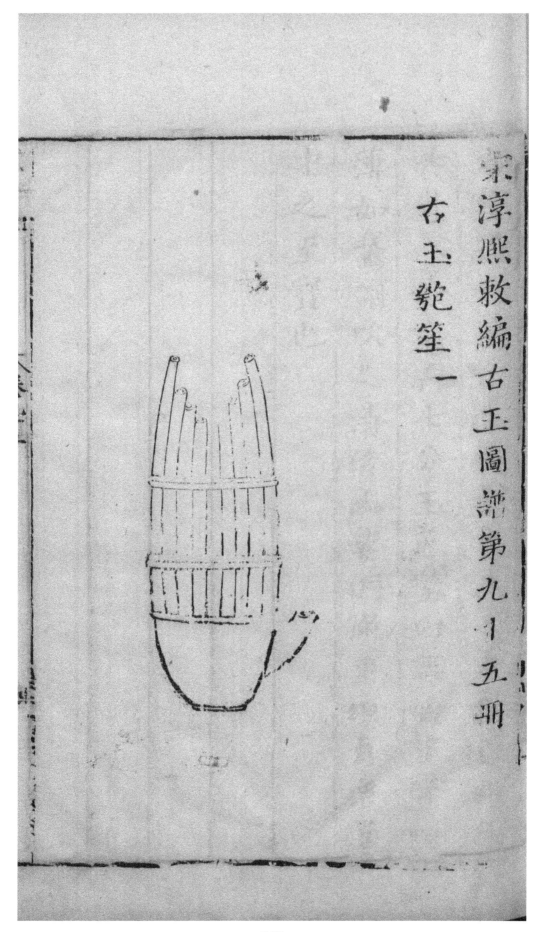

宋淳熙敕編古玉圖譜第九十五冊

古玉鞄笙一

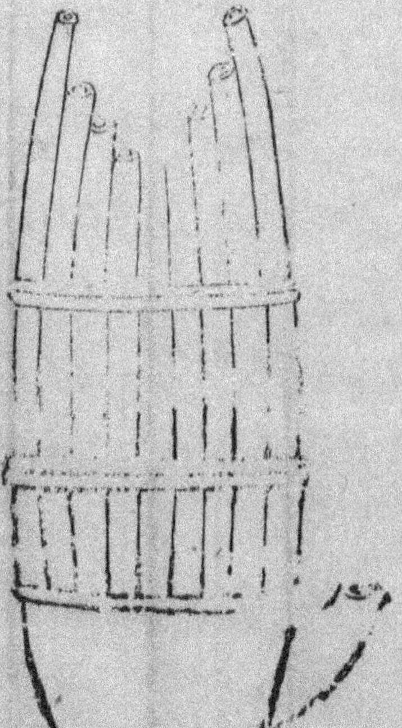

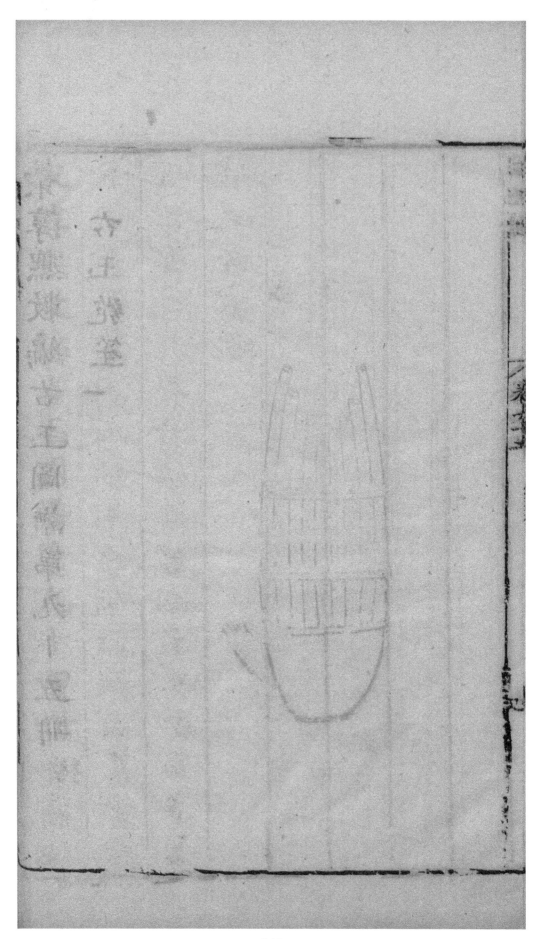

右笙長一尺一寸共十有二管下龍巖圓徑七寸八分嘴長七分玉色瑩白無瑕華管輕薄如鵞翎吹之清泠龢響洞澈重坦眞樂器中之至寶也

中又各寶也
凍谷鎗潤次之清冷益聲響角四角各聲
七寸八分合焦尾七分玉徽三分雁足
古琴長一尺寸共十有三徽下為龍池

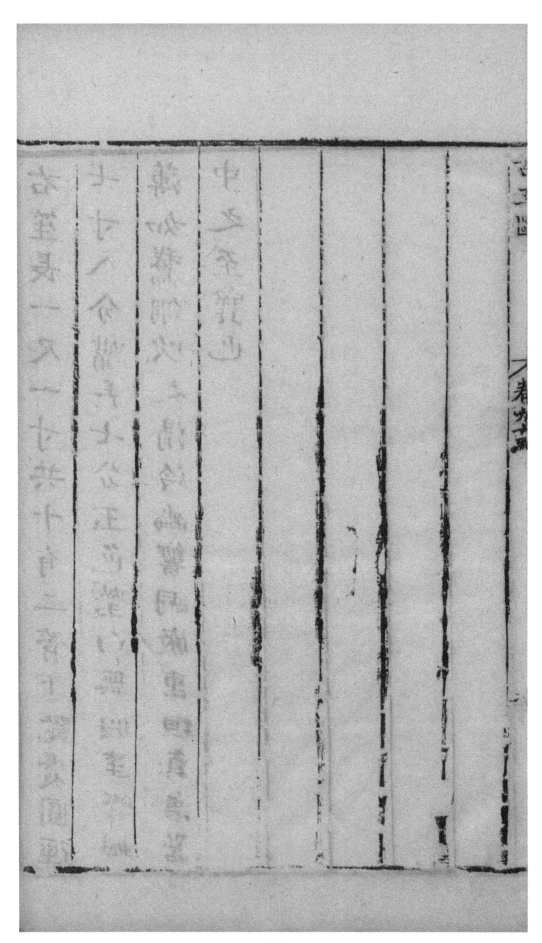

# 古玉匏笙二

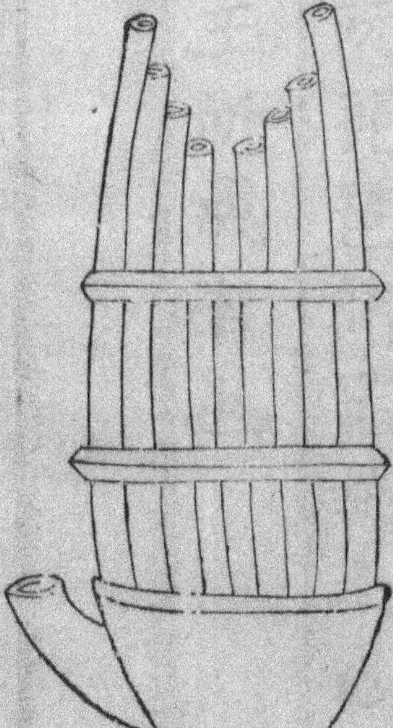

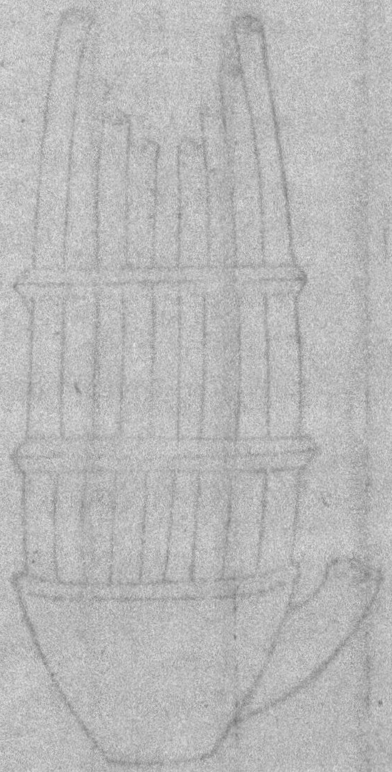

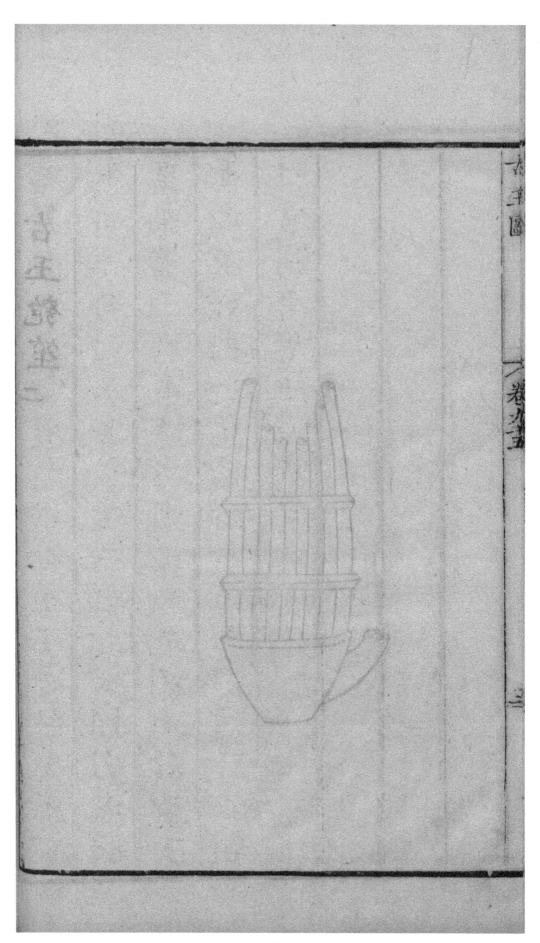

右笙長短圓管囊一切如前玉色純紫無瑕
制作纖巧乃唐宫之遺器也昔安禄山進明
皇樂器三百事皆以媚玉制成媚玉者響玉
也以下如胡阮琵琶諸器施之以絃皆能韻
叶宫商者響玉所成者也

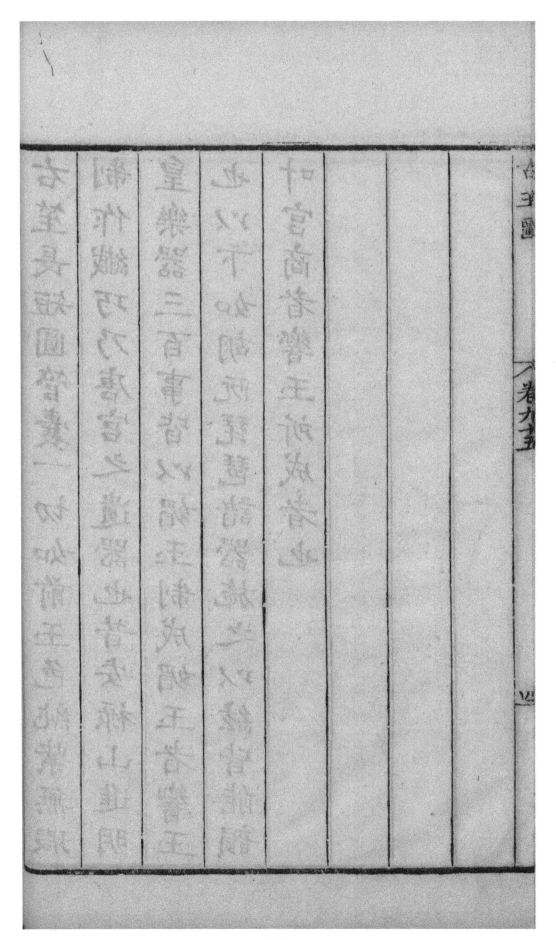

古玉鳳簫

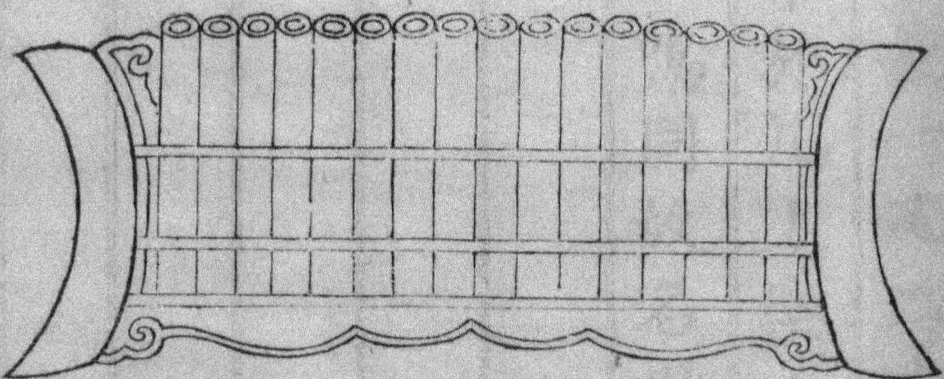

古玉鳳簫

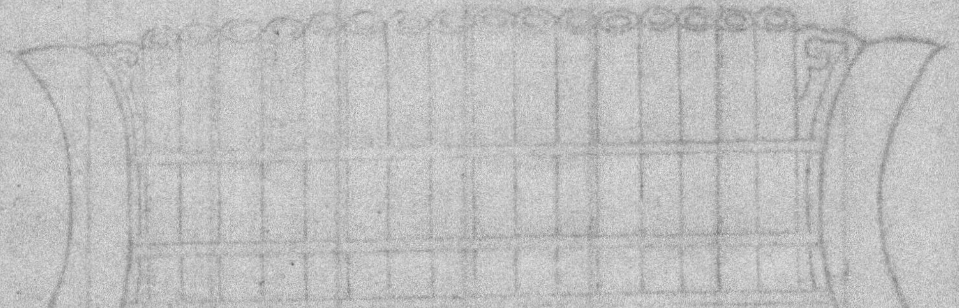

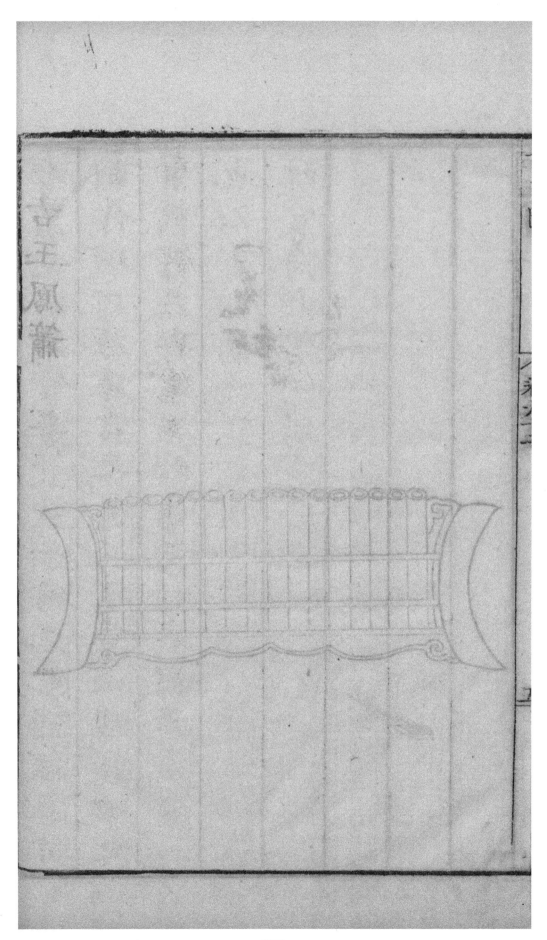

右簫一十六管每管長一尺二寸圓徑三寸
五孔以一座承之卓於几上樂人按拍吹之
聲協律呂與鸞鳳和鳴同故名鳳簫

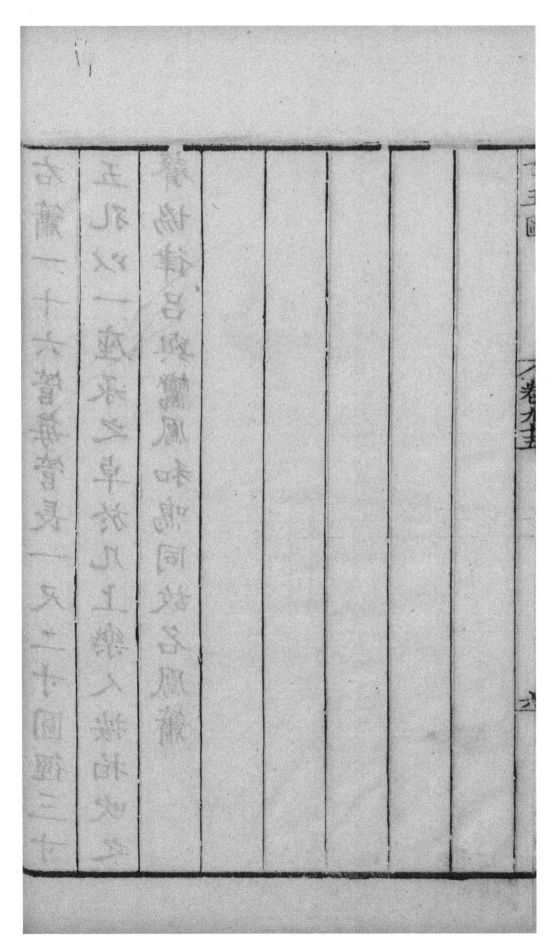

古玉洞簫

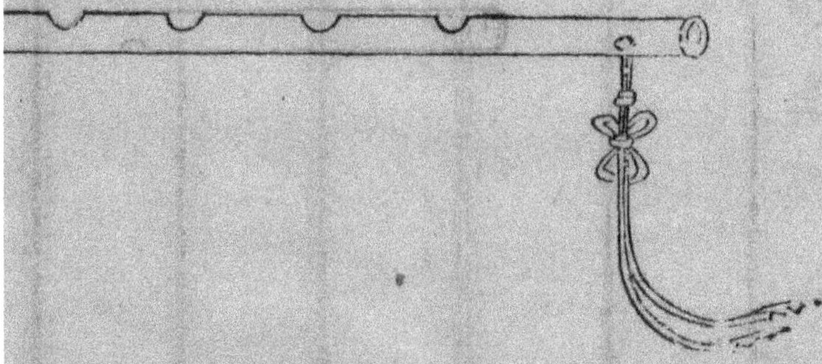

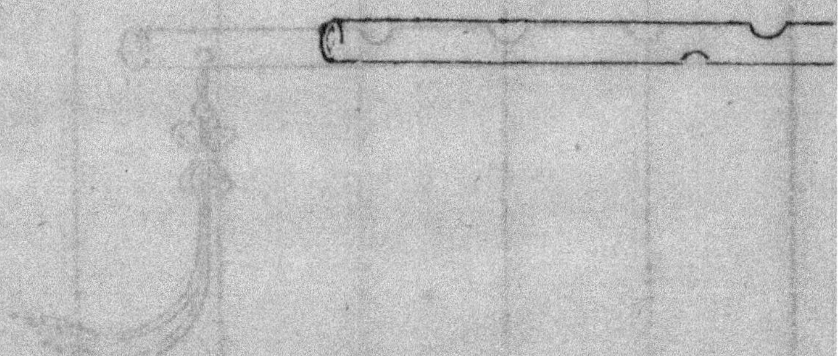

右洞簫長一尺八寸圓徑三寸一分上開五孔下開一孔而脣上缺臣謹按樂錄云簫之無底曰洞簫一人獨吹之

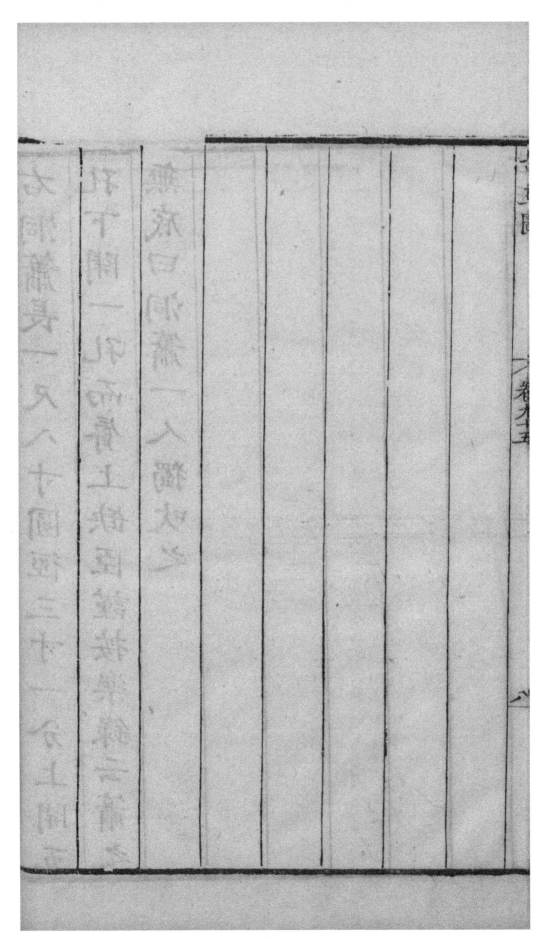

古碧玉長笛一



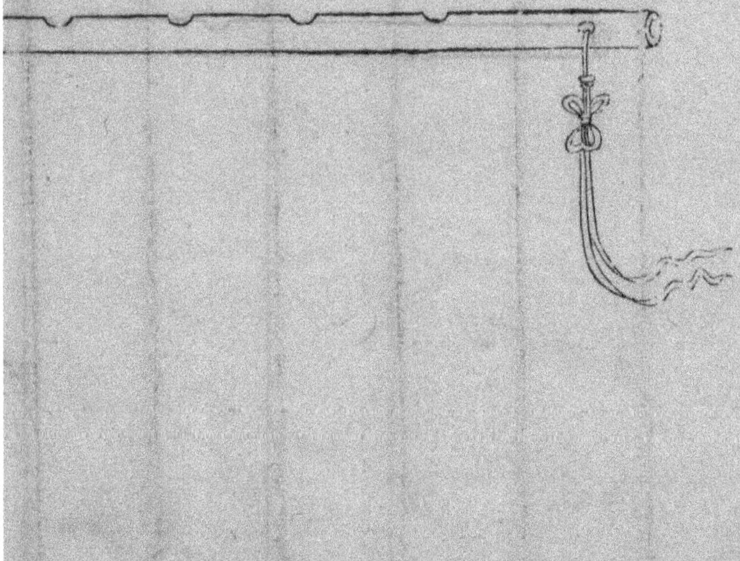

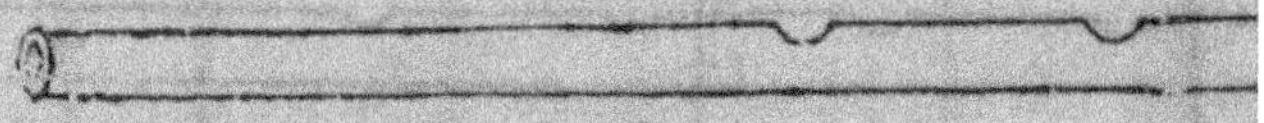

右長笛長二尺圓徑三寸一分上開六孔玉色淡碧無瑕吹之奇聲逸發與柯亭之竹迥不同也

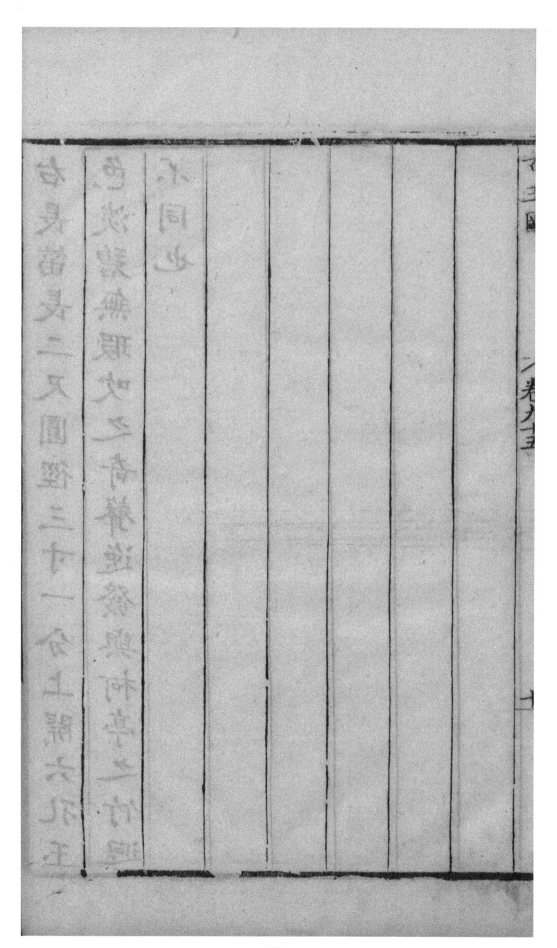

古白玉長笛

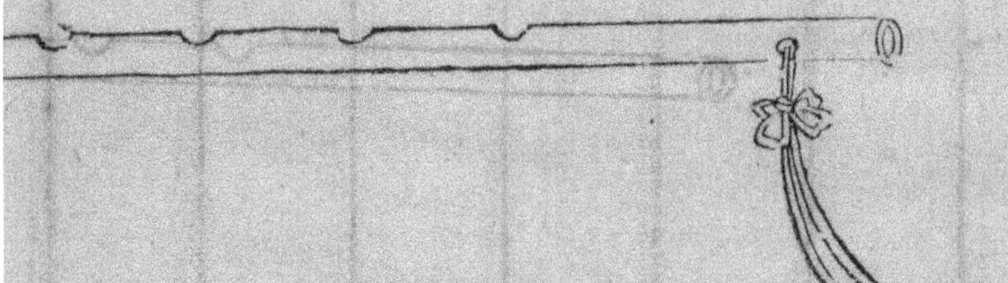

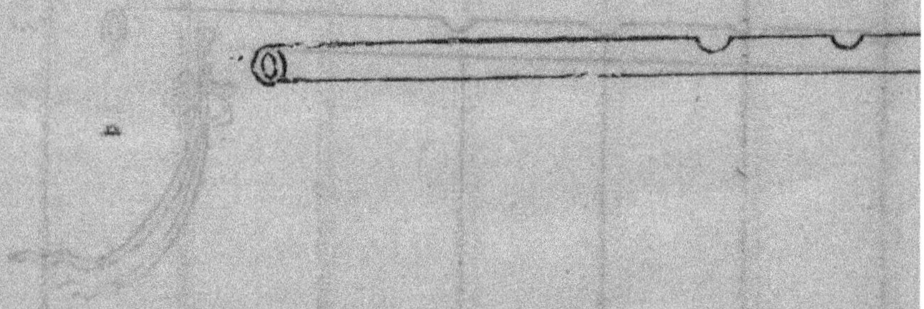

右笛長短粗細如前笛玉色瑩白無瑕薄如
蘆管真奇器也

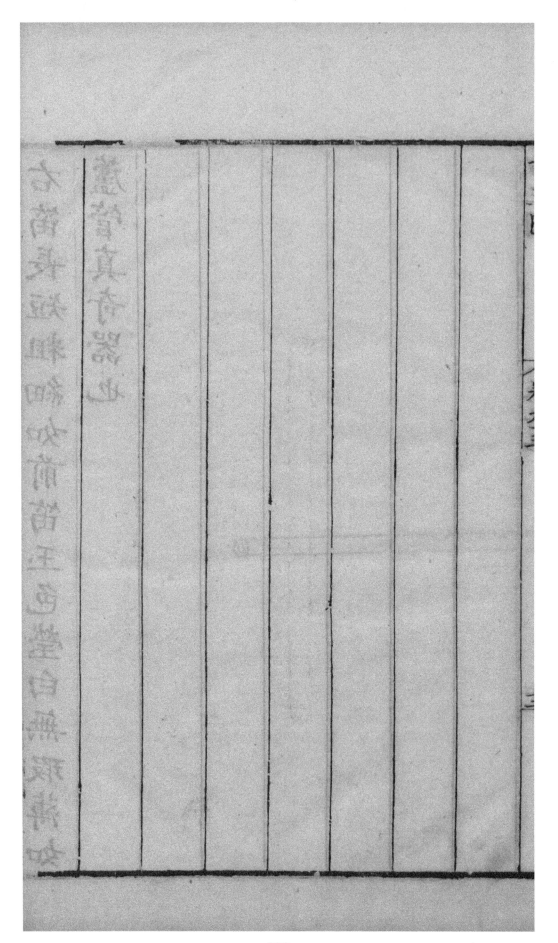

# 古黃玉鳳管 一

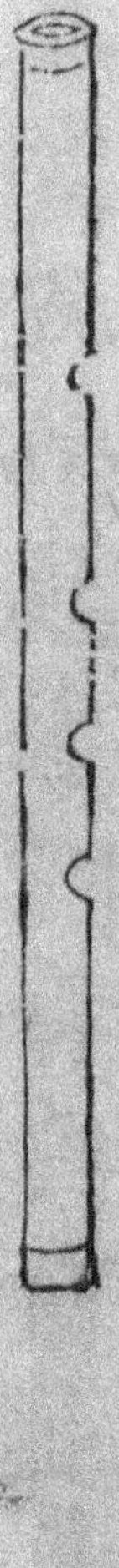

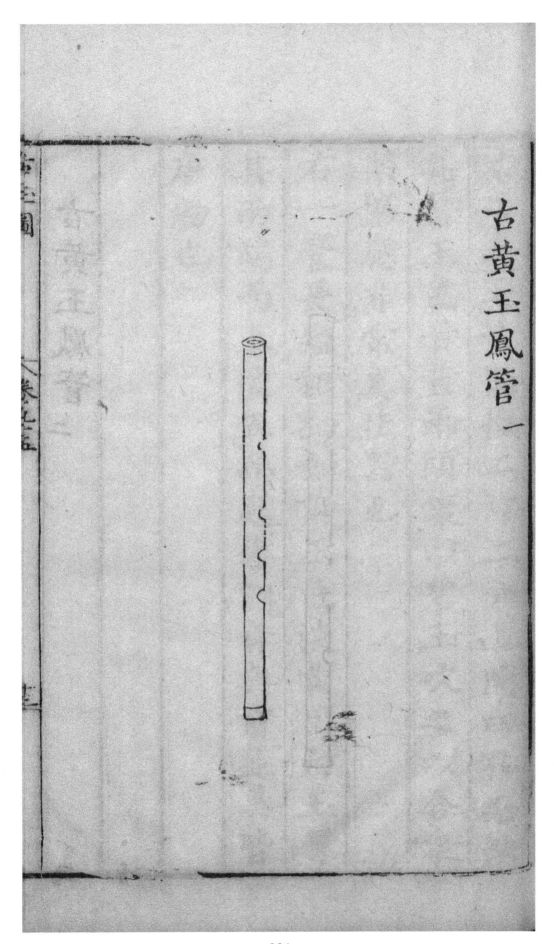

古黃玉鳳管 二

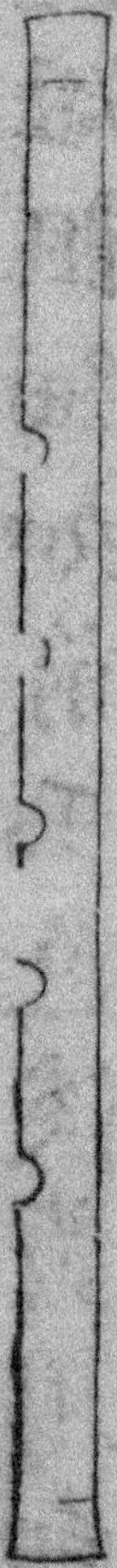

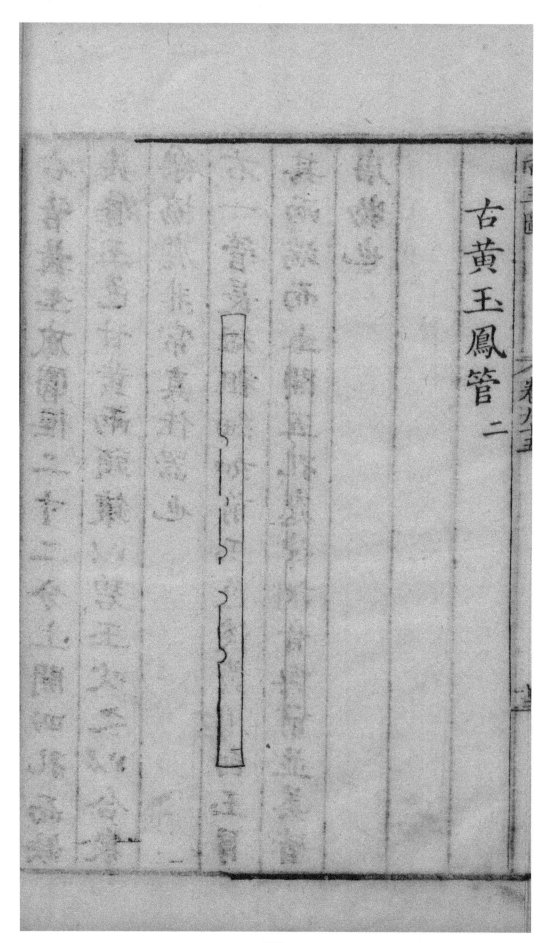

右管長七寸圓徑二寸二分上開四孔而鈌其脣玉色甘黃兩頭鑲以碧玉吹之以合衆樂協應非常真佳器也

右一管長短粗細如前玉色淡黃用白玉冒其兩端而上開五孔應律調音與前並美皆唐物也

宋淳熙敕編古玉圖譜第九十五冊 終

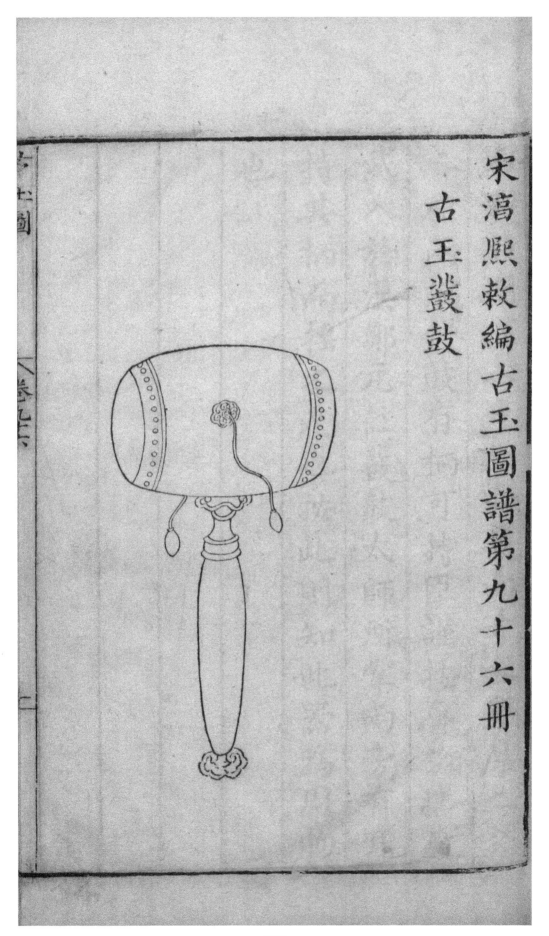

宋湻熙敕編古玉圖譜第九十六冊

古玉鼗鼓

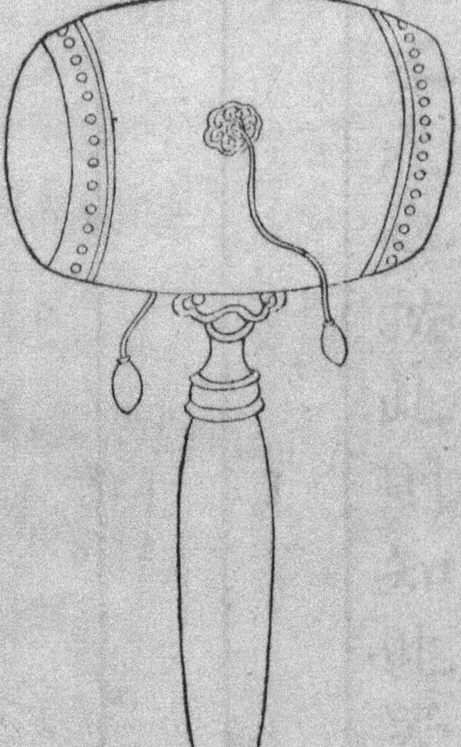

宋淳熙敕編古玉圖譜卷之十六冊

古玉鞉鼓

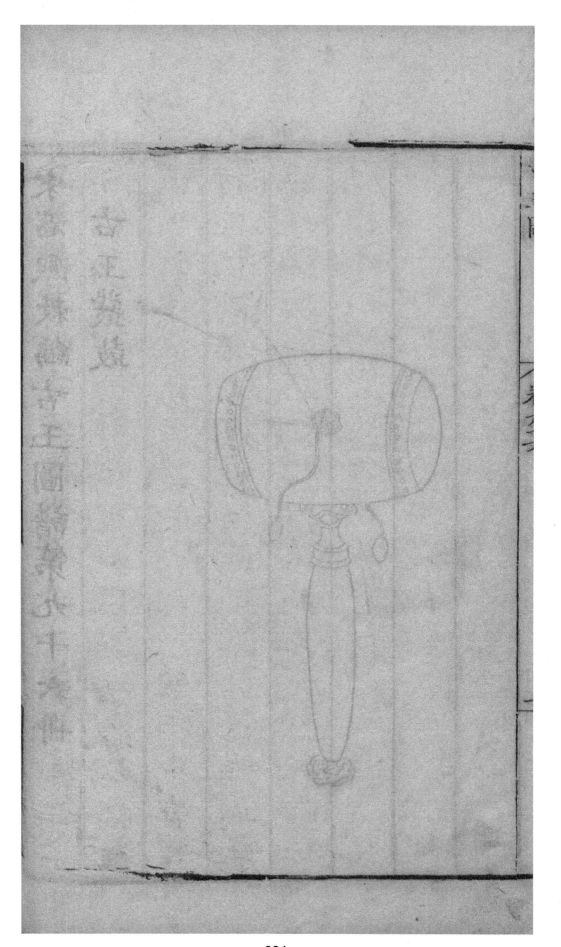

右鼗鼓圓徑八寸二分長四寸五分厚二分二厘兩端鏝鼓有柄可持臣謹按魯論播鼗武入於漢鄭元註鼗鼓太師所掌兩旁有耳持其柄而搖之是也按此則知此器為周物也

古玉腰鼓

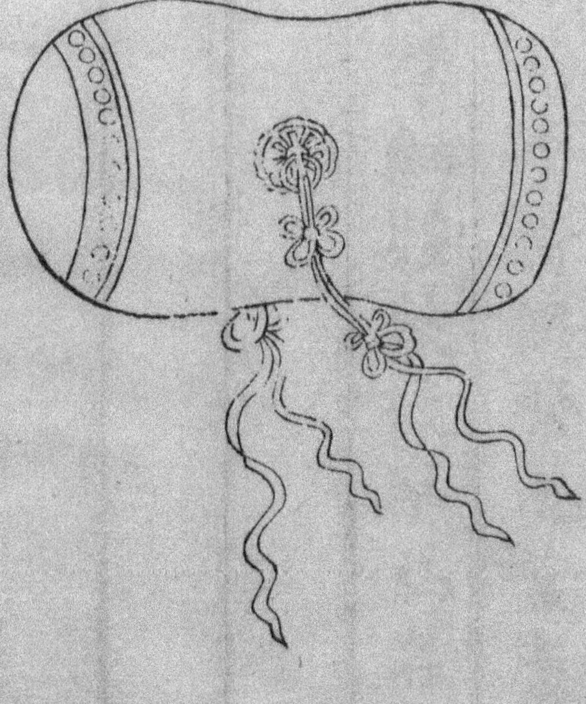

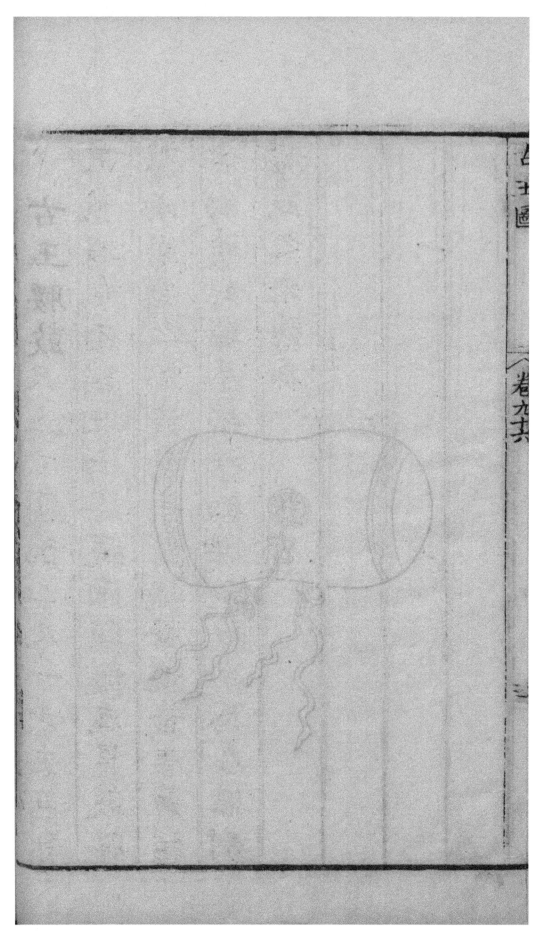

右腰鼓長二尺五寸圓徑二尺一寸玉色青
而無瑕式兩端肥而腰瘦兩頭鞔皮冒鼓腰
擊兩縧懸之於頸兩手持撾擊之昔唐蕭穎
士幼時好騎屋梁擊細腰鼓後卒為名儒則
腰鼓之來舊矣

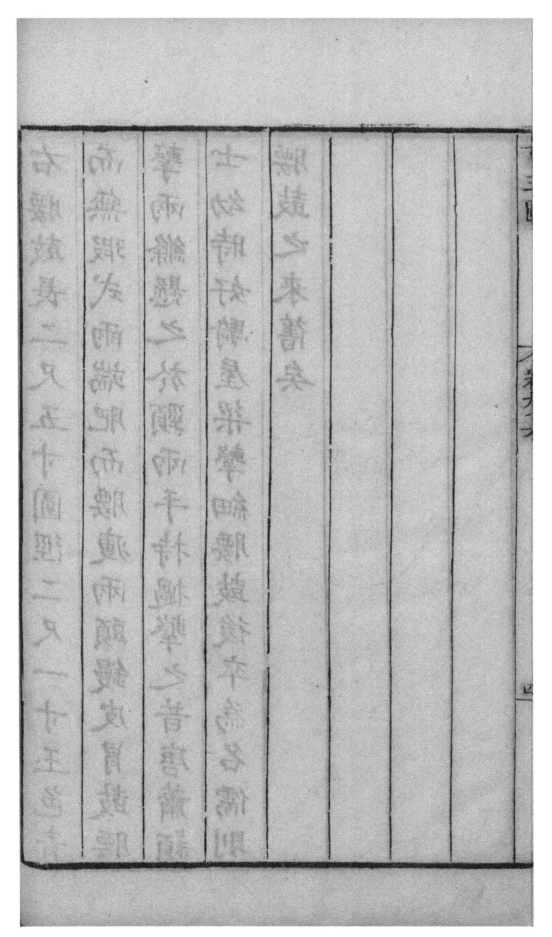

古玉拍板

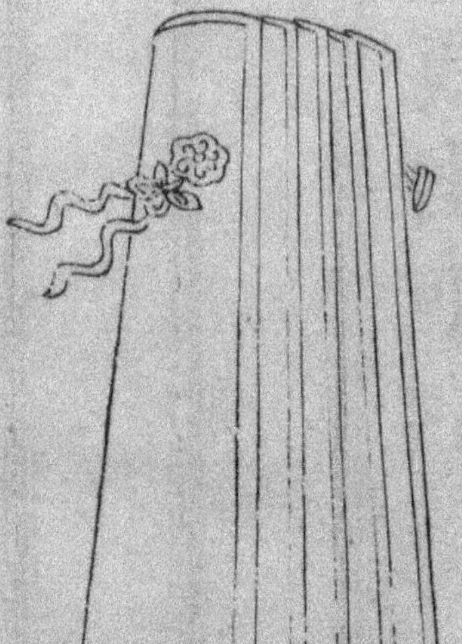

右拍板共五片每片長八寸濶二寸二分厚三分三厘玉色淡紫無瑕拍板昔稱樂句以節音唱者古人以檀木為之取其聲之脆響今易以玉其音更佳可知

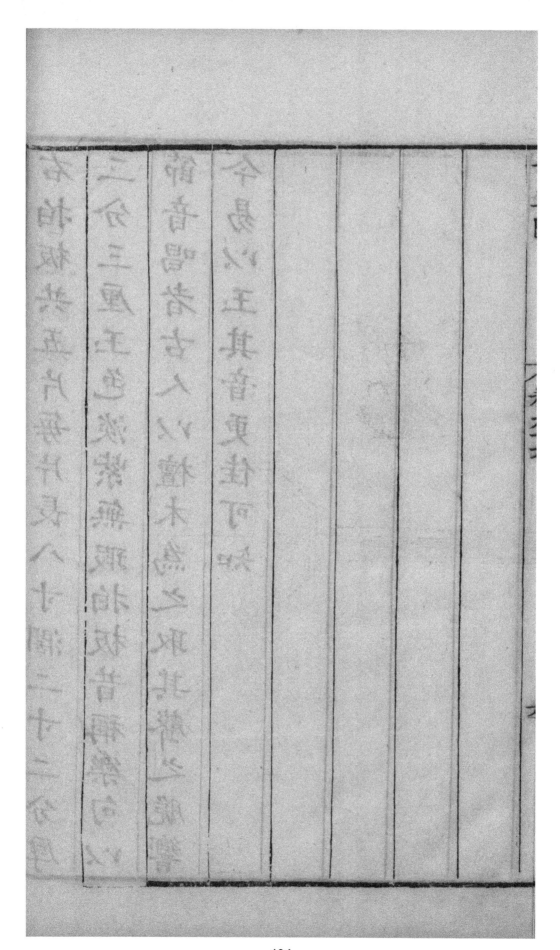

古玉阮咸

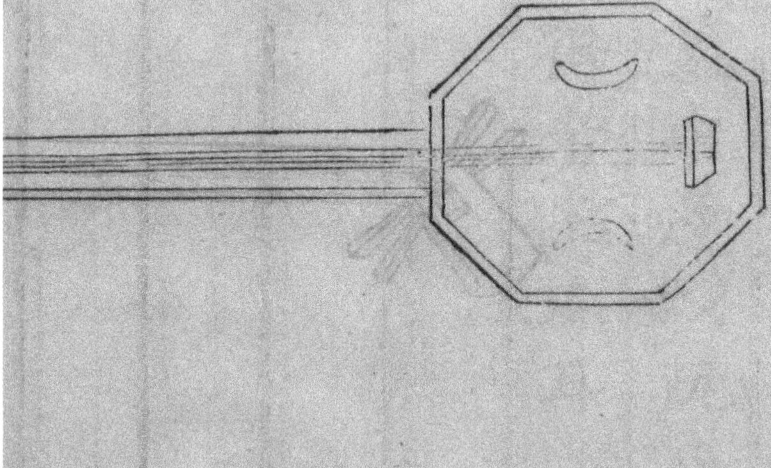

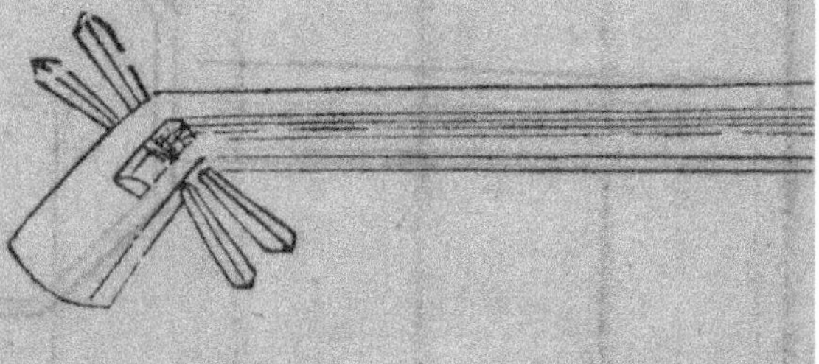

右阮咸連榦長三尺三寸咸身方徑六尺四寸左右二品可施四絃彈之清響勝絕昔有人得此器於阮咸墓中遂以阮咸名之但昔所得者銅鑄今所得者玉琢耳

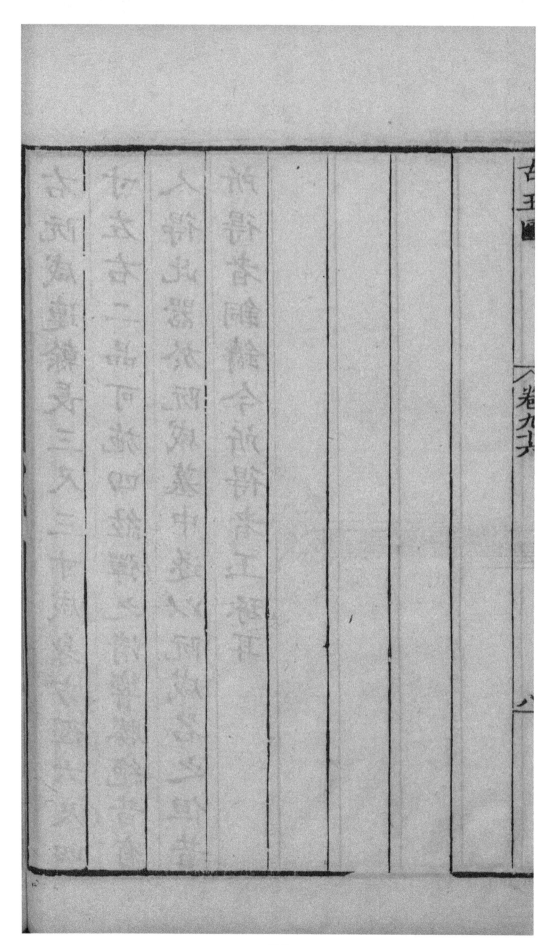

古玉胡琴

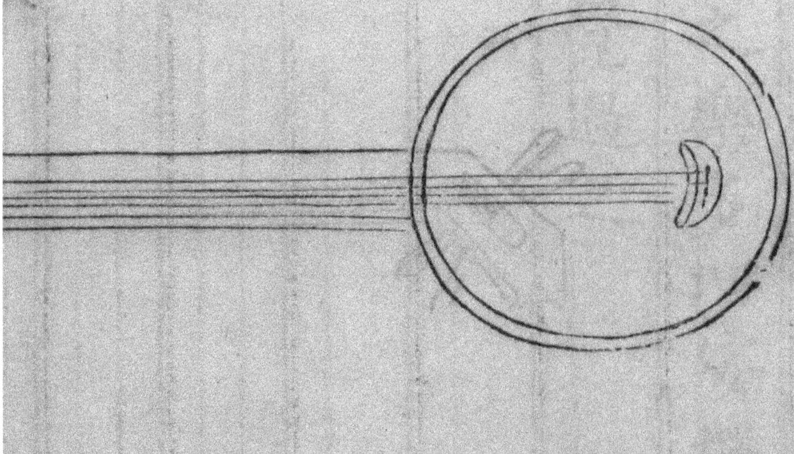

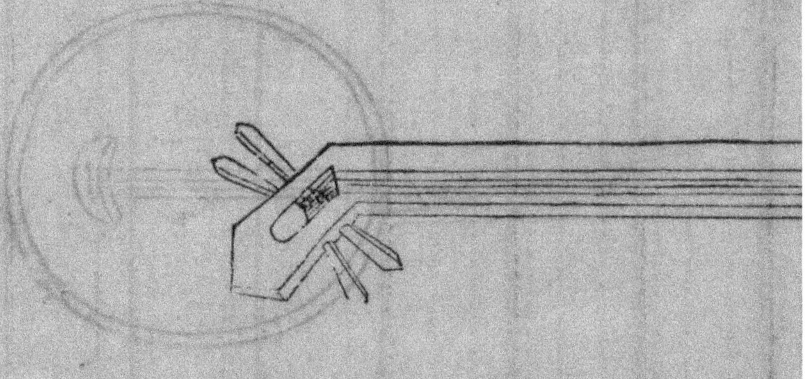

右琴連榦長三尺八寸圓徑二尺二寸玉色甘青無瑕琴面厚八分可施四絃彈之其音悽惋本塞外馬上之樂多以娑欏木為之今易以玉而音韻更覺過之

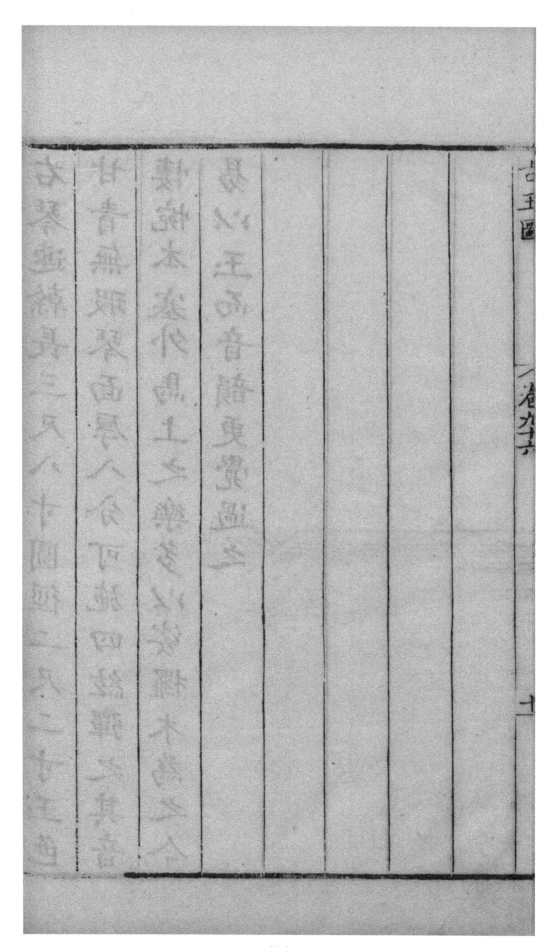

古玉琵琶

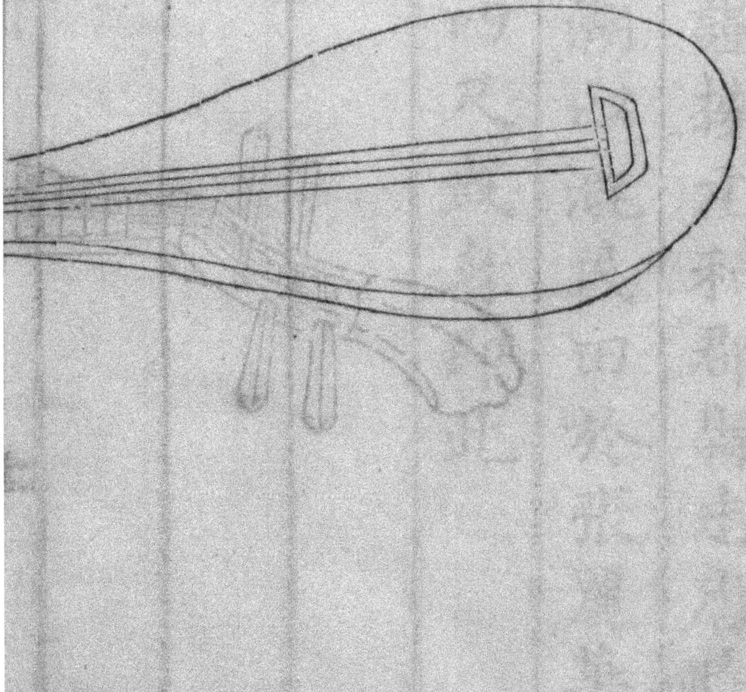

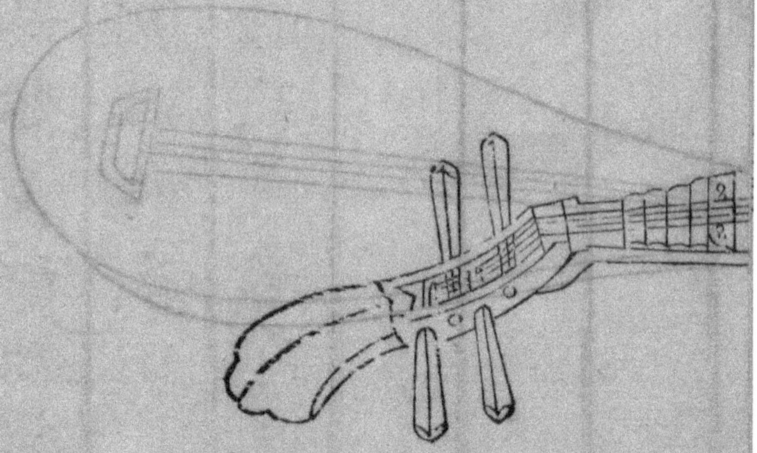

右琵琶長四尺二寸項濶二寸腹濶八寸三分玉色瑩白無瑕碧玉爲軫施之四絃清泠幽響妙過檀槽臣謹按元和郡縣志唐時韓滉鎮金陵開元武湖以溉民田於張麗華墓中得白玉琵琶長四尺或者即此

宋淳熙敕編古玉圖譜第九十六冊終

古青玉凭几一

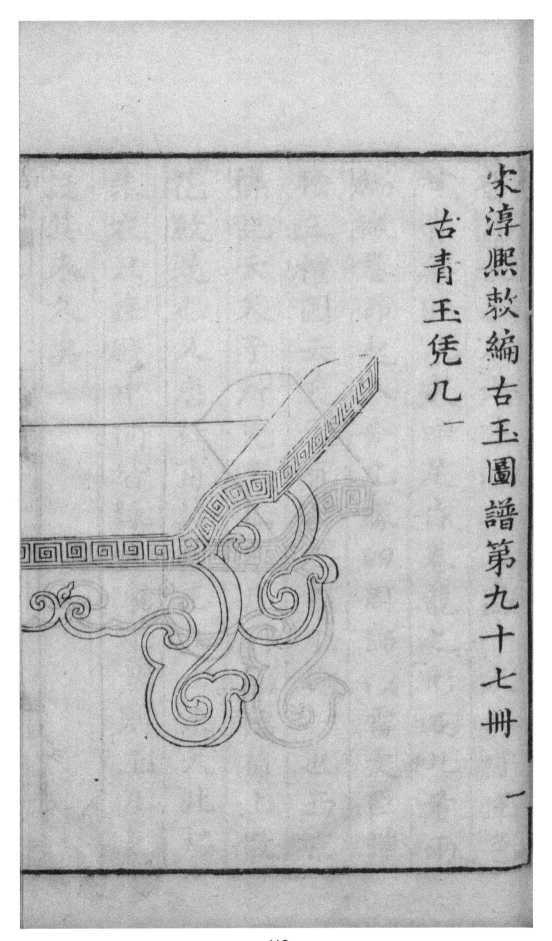

右几長三尺六寸濶二尺高一尺八寸玉色甘青無瑕几式四足作卷龍之形而几首兩端微卷昂起八分几緣四周飾以雷文臣謹按三禮圖云天子有六几玉几其一也西京襍記云天子所凭玉几冬月則韜錦茵上散花紋是也又唐杜甫詩云玉几由来天北極朱衣只在殿中間皆詠其事也然則玉几之設其來久矣

古玉凭几二

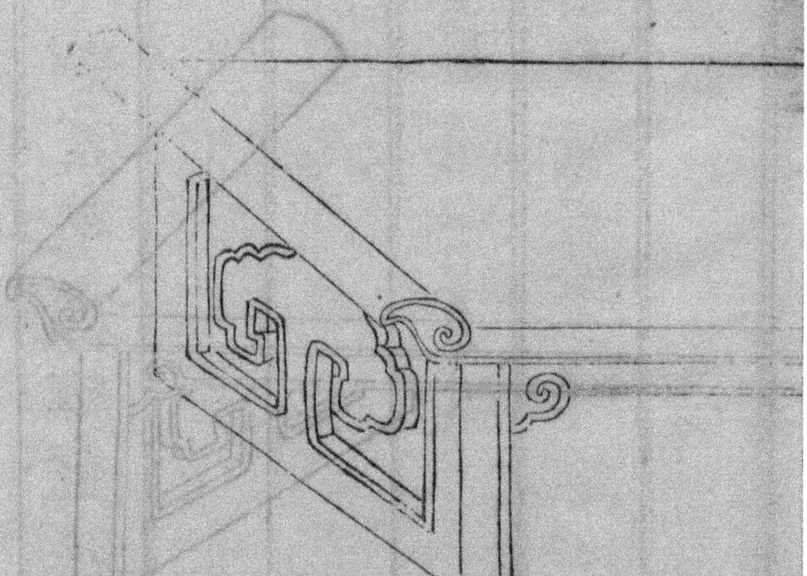

石凭几長三尺二寸濶一尺八寸高一尺三寸玉色淡碧無瑕几式兩端微卷而不昂無足而有横座刻以靈芝雲板素雅之極亦凭几之一也

# 古玉琱文屏風一

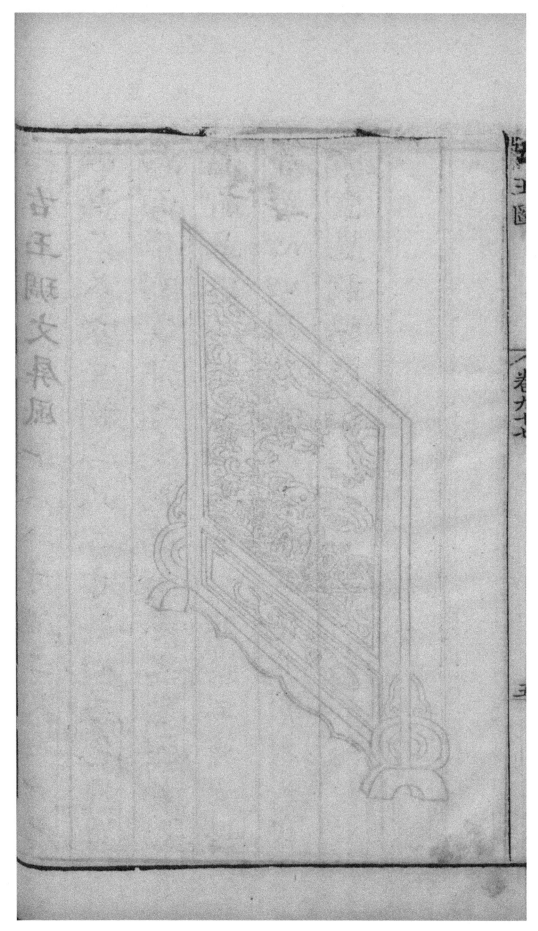

右玉屏連座通高五尺八寸濶二尺七寸屏心高三尺六寸濶二尺二寸屏心玉色淡碧兩面琢刻雲龍之文飛騰舒卷之勢儼如圖畫抑且琢工精妙細入絲髮非漢工莫能措手屏心四周及鑲以青玉式范非常非天宮帝室豈敢陳設乎

帝室豈敢陳設乎

手彈心四周及纖入青主之究非帝非天宮

畫抑且須工精妙細入絲髮非幾工莫能構

兩面鏤刻雲龍之文形勝舒卷之勢儀古圖

心高三尺六寸闊二尺二寸屏心主色以邊

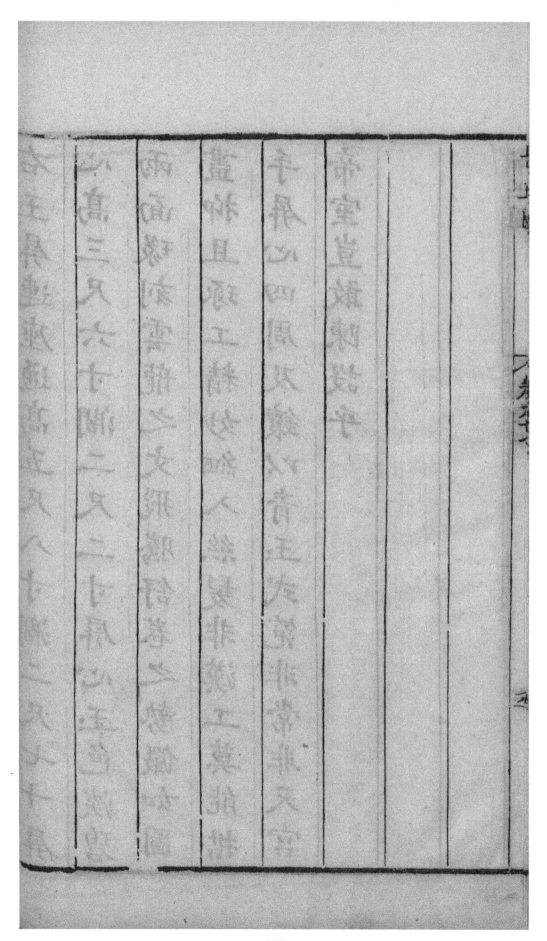

右主屏連座通高五尺八寸闊二尺八寸用

古玉琱文屏風二

右玉屏高六尺四寸濶三尺二寸屏心高三尺二寸濶二尺六寸屏心玉色淡紫晶瑩而無瑕兩面琢刻蓬萊宮闕琱鏤精微細入牛毛繭絲非漢室之良工安能施其技藝乎屏心四周及座俱鑲以碧玉珍貴異常乃天王負扆之屏也臣下安得而睨之耶

# 古玉玉棚燈

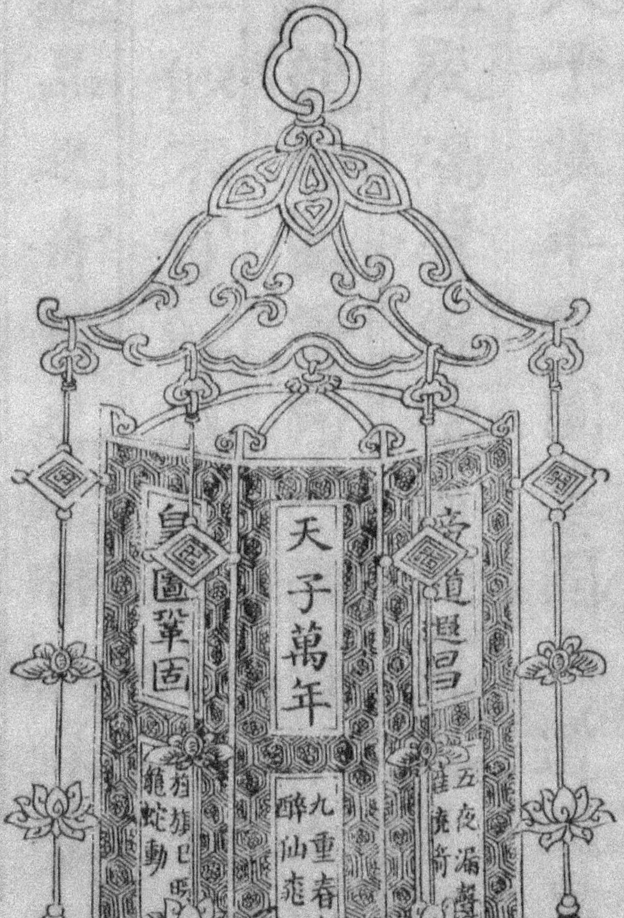
天子萬年
皇圖鞏固
九重春色

右玉棚燈高三尺共八面每面濶一尺二寸以碧玉鏤琱成之錦地鏤空中涵文字上方云天子萬年皇圖鞏固帝道遐昌等句下方云五夜漏聲催曉箭九重春色醉仙桃旌旗日暖龍蛇動等句八面皆一玉所成其追琢之工似不可以歲月計也而玉材如此巨希世絕品之奇珍也燈帶八條皆以珊瑚琥珀瑟瑟諸寶琱鏤花蝶之類上方覆以華蓋纍

以蛟綃富麗無比此盖皇師平蜀得之孟昶宮中

# 古玉鳥籠

古玉圖譜

右鳥籠高一尺八寸四方各濶一尺三寸頂銳而下方玉色甘青無瑕四面鏤空成柵莖細如線循環不斷真鬼工内貯金玉餅罐以盛飲糗飼育珍禽乃西域之所貢也

宋淳熙敕編古玉圖譜第九十七冊　終

# 古玉接引佛聖像

接引如來阿彌陀佛

像大半倍

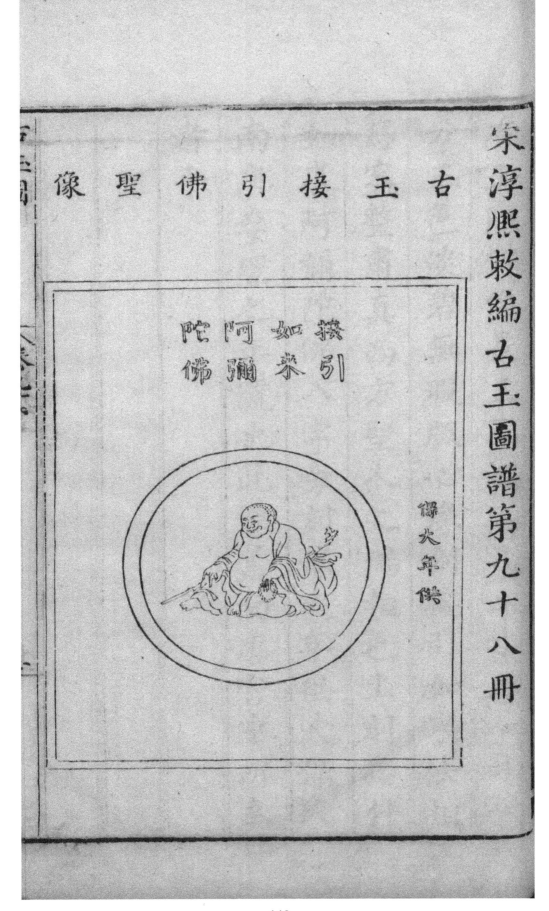

圖

卷十八

右玉版佛像長三尺濶二尺四寸厚一寸一分玉色淡碧無瑕版心瑑刻接引如来法相慈容整肅真西方聖人之瑞相也上刻接引如來阿彌陀佛八字旁刻保大年供夫保大南唐李璟之年號也此像盖南唐宫中所奉者乎

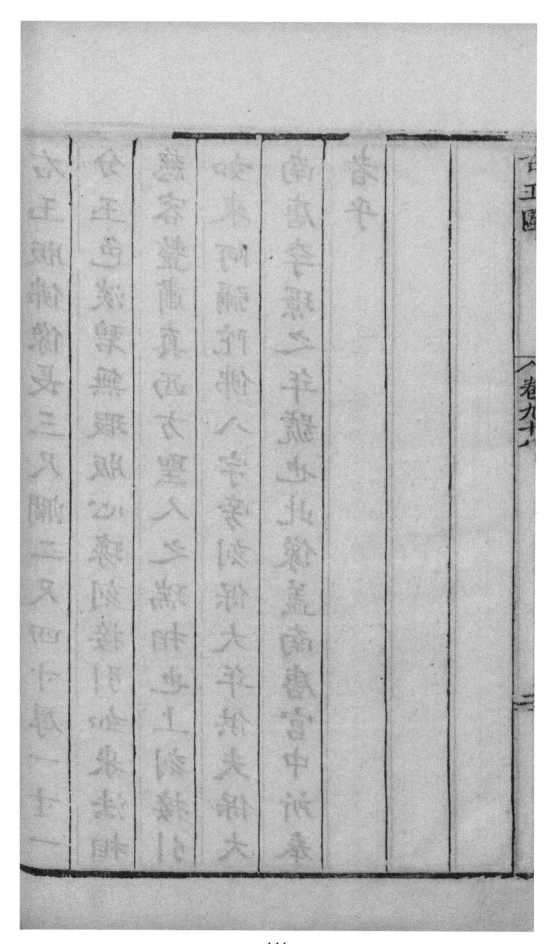

古王普門大士天然佛像

右玉像高二尺四寸濶二尺厚二寸二分玉色瑩白無瑕不假琱琢天然普門大士法相左缾右鉢螺髻虬髯嵐光靈氣層疊圍繞如圖畫熙寧間宣仁皇太后事佛敕命内侍都知高侃賫降御香進朝普陀代禮普門大士觀音菩薩於潮音洞中宣揚旨意洞中忽發雷聲水湧此像而出高侃馳驛奉像奏聞太后供奉宮中以崇禮敬此像盖天成之至寶

也供奉宮中以崇禮敬此像蓋大成之至寳
當年水湧此像而出直流飄擧來後泰閣大
觀音菩薩於潮音洞中宣揚古意洞中忽發
知高僧實將御香進朝普陀代禮普門大士
聞畫源寧門道仁皇太后專佛教命內侍捧
至餘右餘綵譽此擣嵐光靈氣屬造圖繪如
色瑩白無瑕不假琱琢天然普門大士法相
右玉像高二尺四寸濶二尺厚二寸三分玉

大梁開平御府敕賜
弘明寺供奉
琢工彭祖壽鐫造

大士跣
象之圖
臨閻立
本筆法

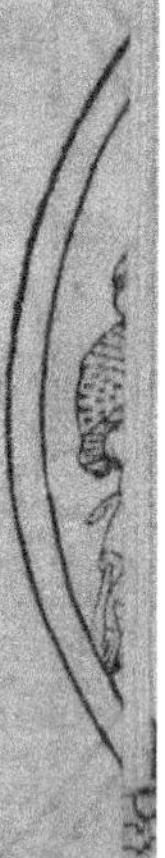

右玉像版長二尺六寸濶二尺一寸厚一寸六分玉色微青白瑑刻普賢大士像倣唐閻立本洗象畫法其佛像諸天侍從以及象奴象獸無不種種臻妙雖善於臨摹者不能及也刻法之工至斯盡矣上刻大士洗象之圖臨閻立本筆法十二字旁刻大梁開平御府勅賜宏明寺供奉玉工彭祖壽鐫造共二十字夫開平者有唐篡賊偽梁朱温之年號也

温本從黃巢作賊巢既勦滅温遂投誠授四鎮節度使深受唐恩不思竭忠報國而乃甘心為逆坐席未暖即為逆子所弑刃出於背此非天道好還昭然不爽者哉立心不減事佛何益乎

# 古玉文昌梓潼帝君神像

梓潼元皇帝君
皇宋祥符二年敕賜
玉清昭應宮供奉
修內司承作所工人張成造

右像玉版長二尺五寸濶二尺一寸厚八分玉色甘黃無瑕璪刻文昌帝君席帽乘騾升騰雲漢侍者二人手執瑤琴如意神像冲容整肅有天際真人之相刻法繁簡合宜淺深得訣真良工也右旁璪刻楷書八字曰皇宋祥符二年勑賜左旁刻十八字曰玉清昭應宮供奉脩內司玉作所工人張成造上刻梓潼元皇帝君六字則知此像造於我真祖之

世矣

古玉南極壽星神像

右南極高八寸一分濶五寸四分厚三寸玉
色天然五采如壽星面貌兩手則玉色微紅
白有似生人之膚理衣青縧黃履朱巾碧皆
出自天成絕非假借點注之偽況神像盎然
色笑如生真絕品之奇珍也

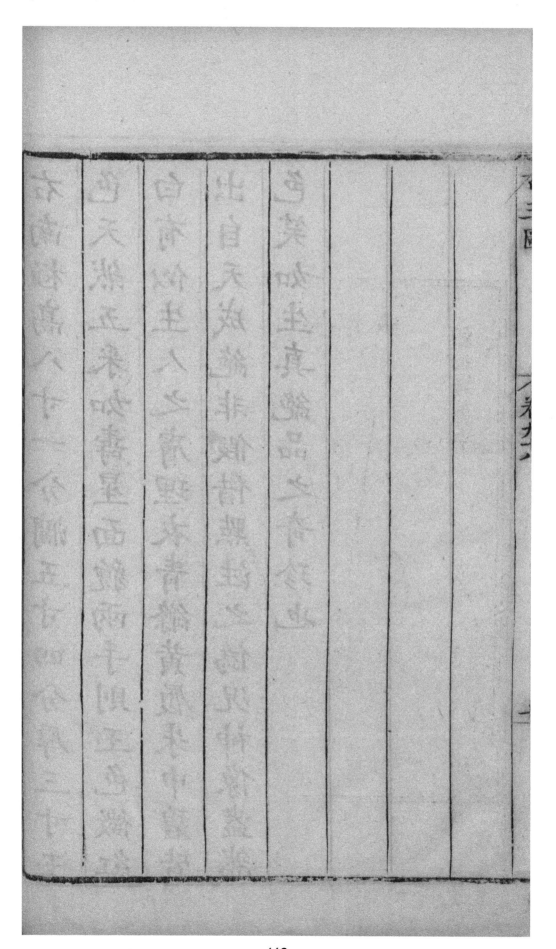

# 古玉東皇太乙神像

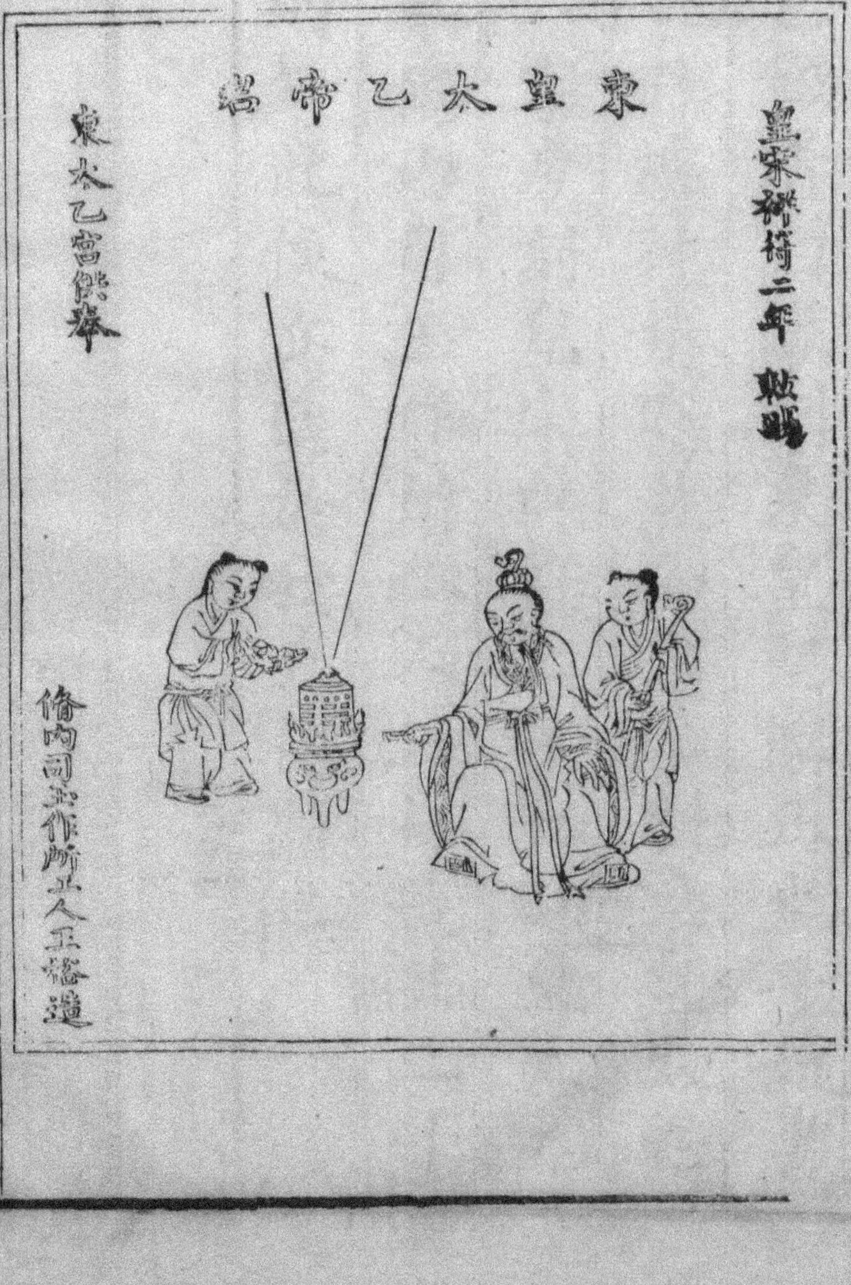

東皇太乙帝君
皇宋祥符二年 敕賜
東太乙宮供奉
修內司玉作所工人王器造

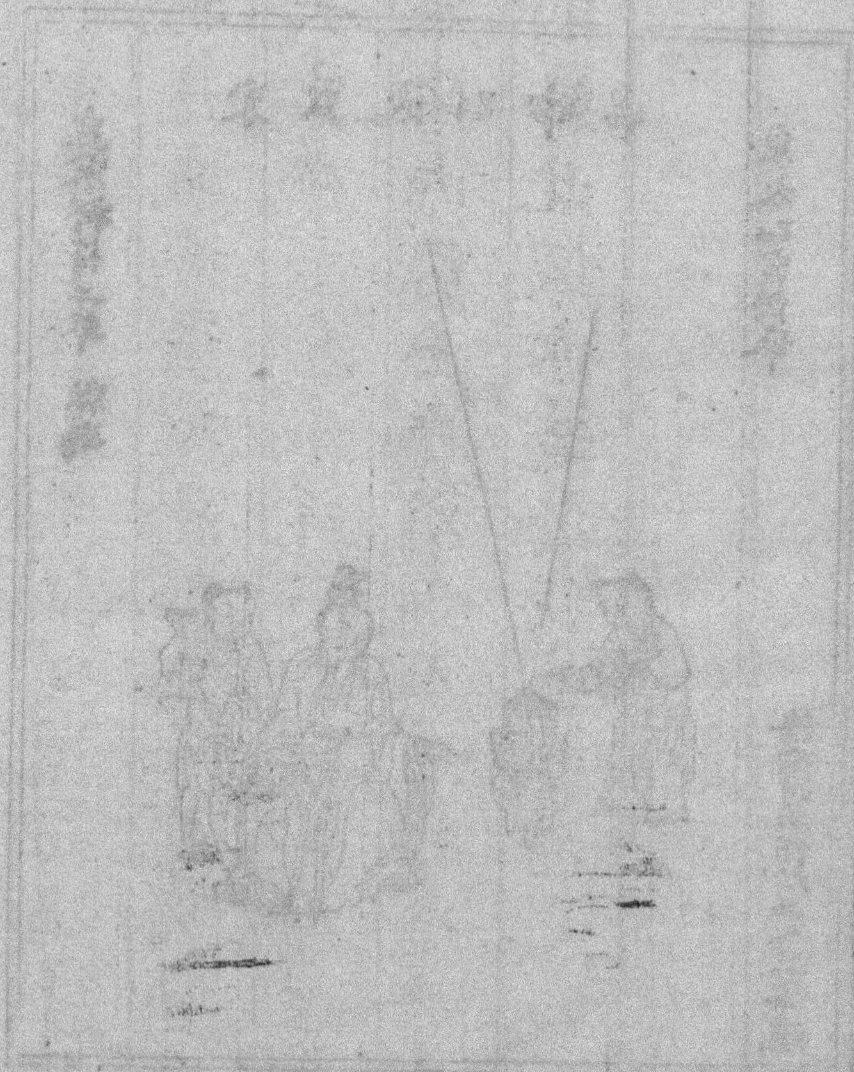

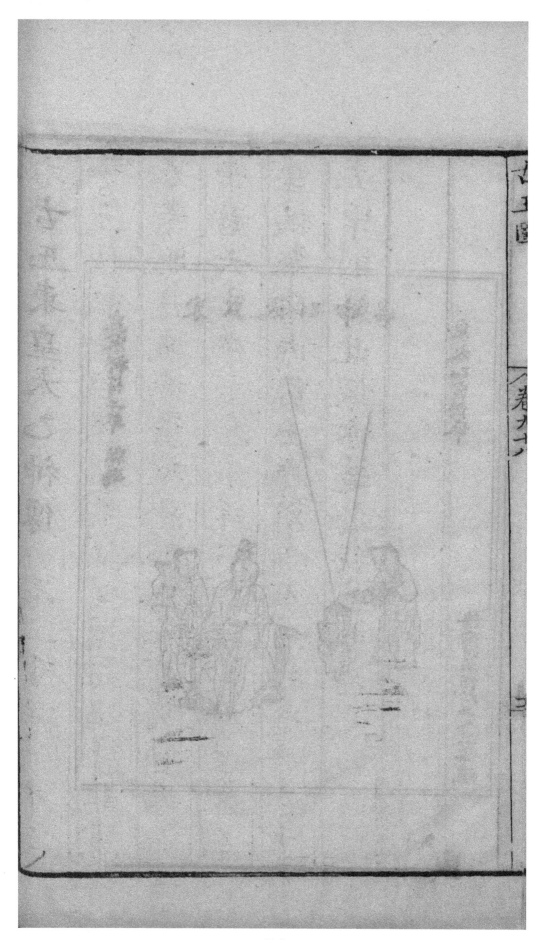

右像版長二尺八寸濶二尺二寸厚一寸三分玉色微青白瑑刻東皇聖像正坐手執書卷旁睨丹爐神情靄然如生上刻東皇太乙帝君六字旁刻皇宋祥符二年勅賜東太乙宮供奉脩內司玉作所工人王裕造共二十五字則知此像亦造於我真祖時也

宋淳熙敕編古玉圖譜第九十八冊 終

宋淳熙敕編古玉圖譜第九十九冊

古玉龍鳳琱文枕

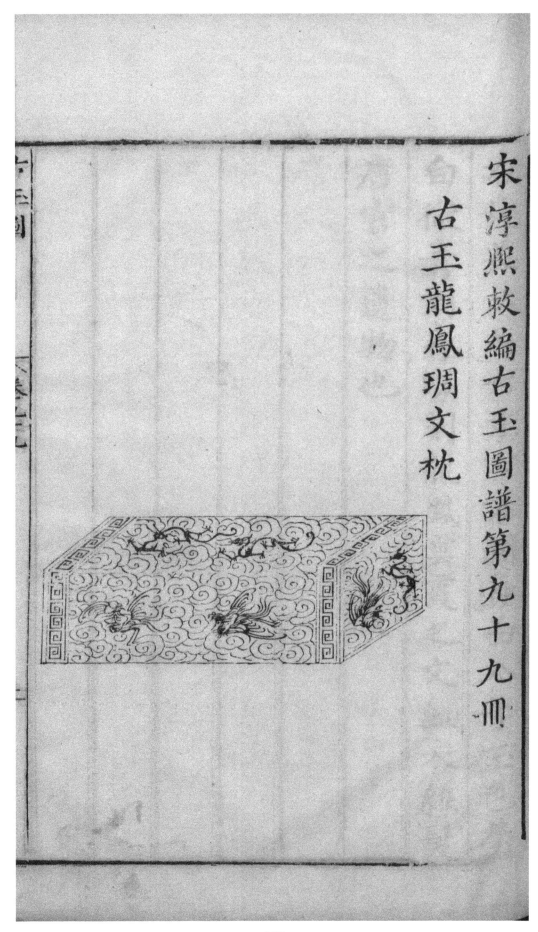

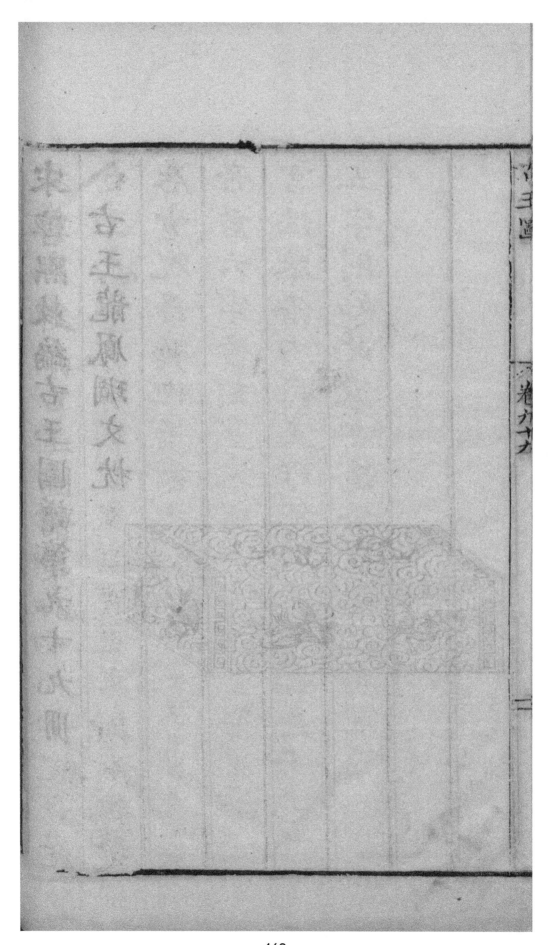

右枕長二尺六寸四方濶每面八寸玉色瑩白微青周身瑑刻龍鳳雲霞之文細入絲髪唐宮之遺物也

古玉中通琱文枕

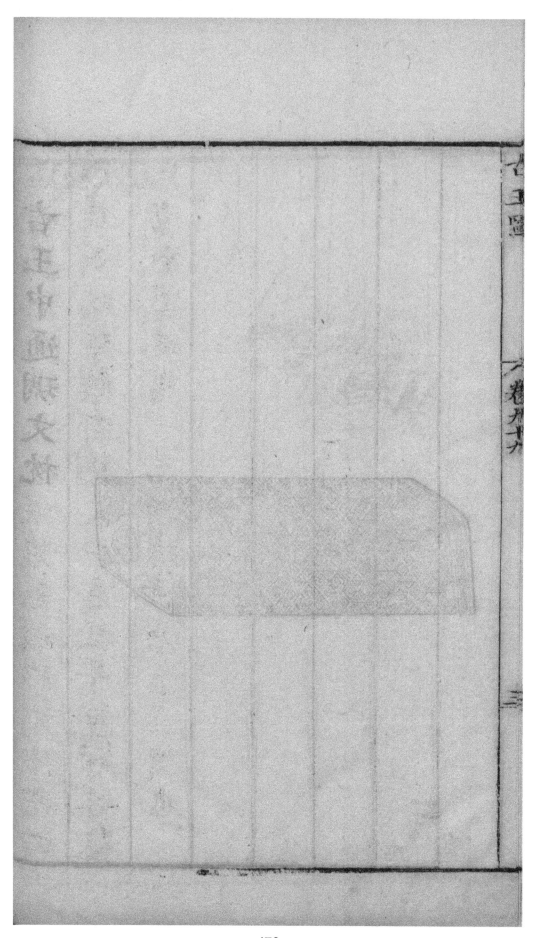

右枕長瀾如前玉色淡碧無瑕瑑刻中空四周及兩端皆鏤空錦文中有抽斗可貯香花以薰枕簟而皆一玉所成亦唐宮至寶也

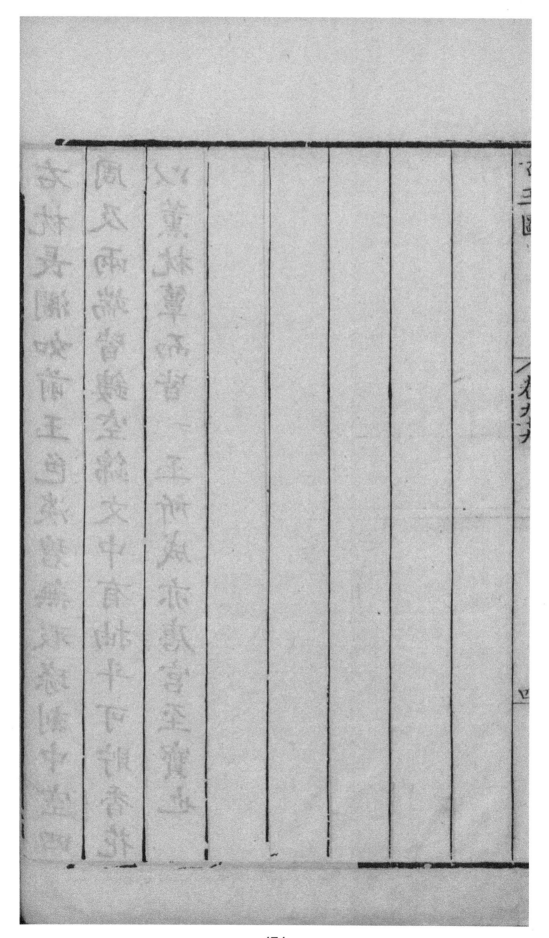

古玉支臂一

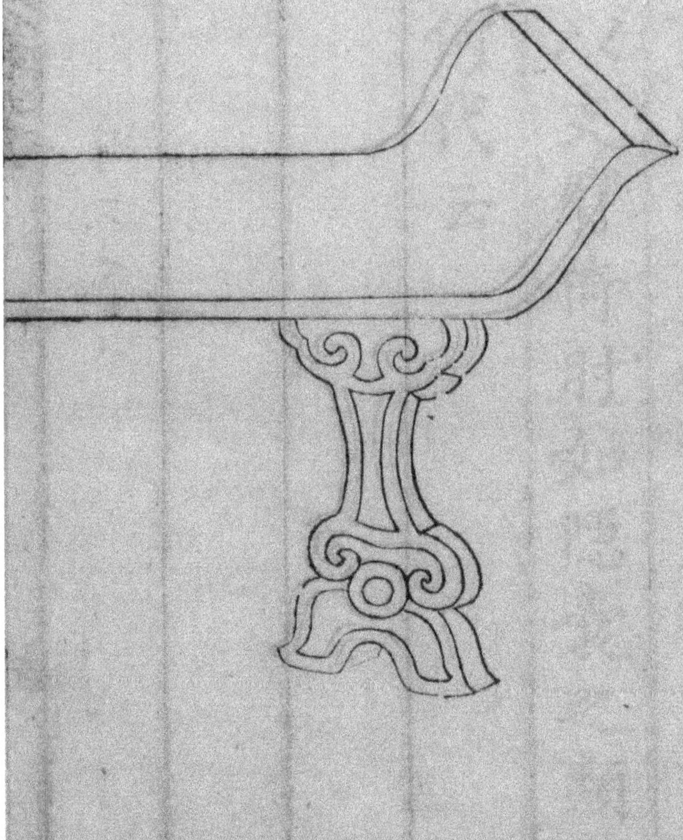

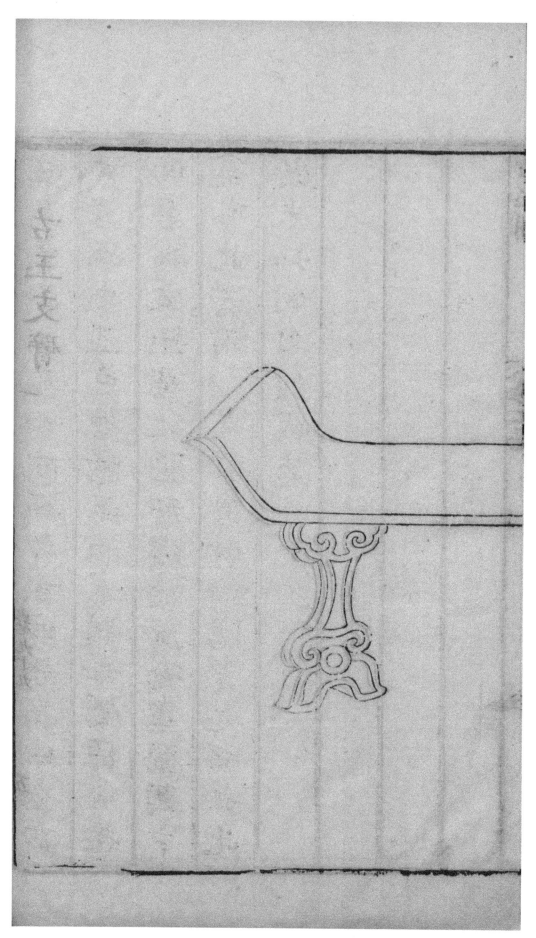

右支臂長二尺四寸濶六寸四分厚四分高一尺五寸玉色純紫無瑕式制如圖臣謹按南唐周文矩畫北齊邢邵諸賢勘畫圖圖中畫有此器用以支臂倚肘如隱囊之類也此物未知制自何代云

古玉支臂二

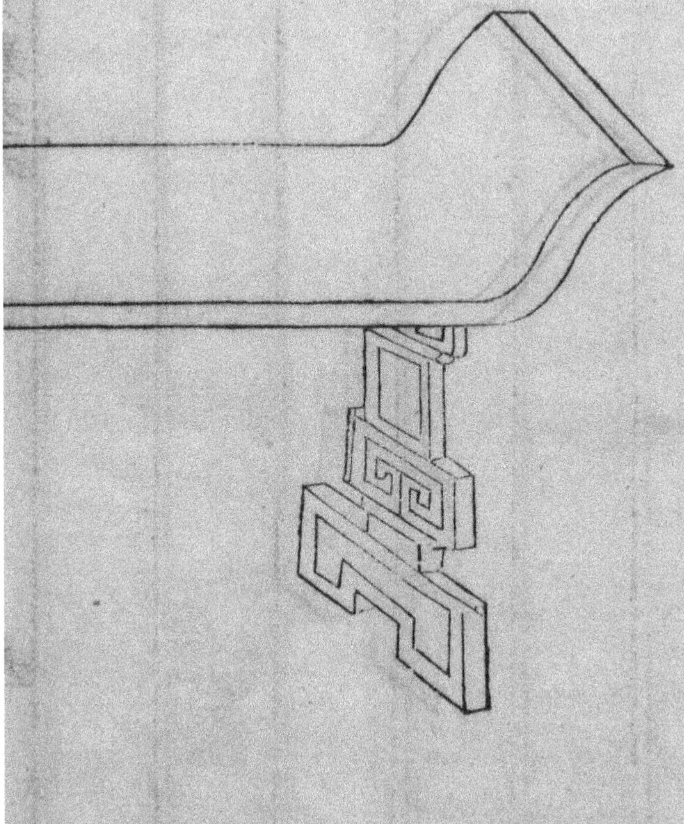

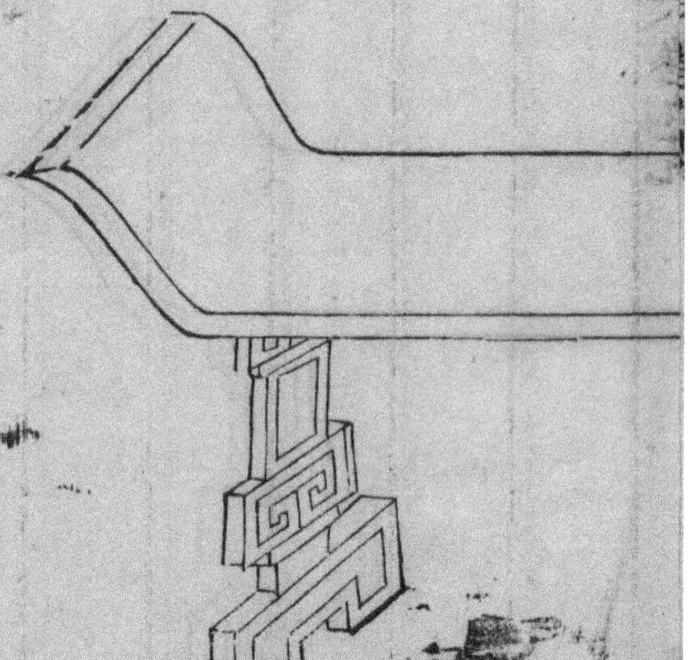

右支臂長短濶狹式制如前玉色微碧無瑕而兩端稍昂起耳制用之說已具於前云

古玉薰籠

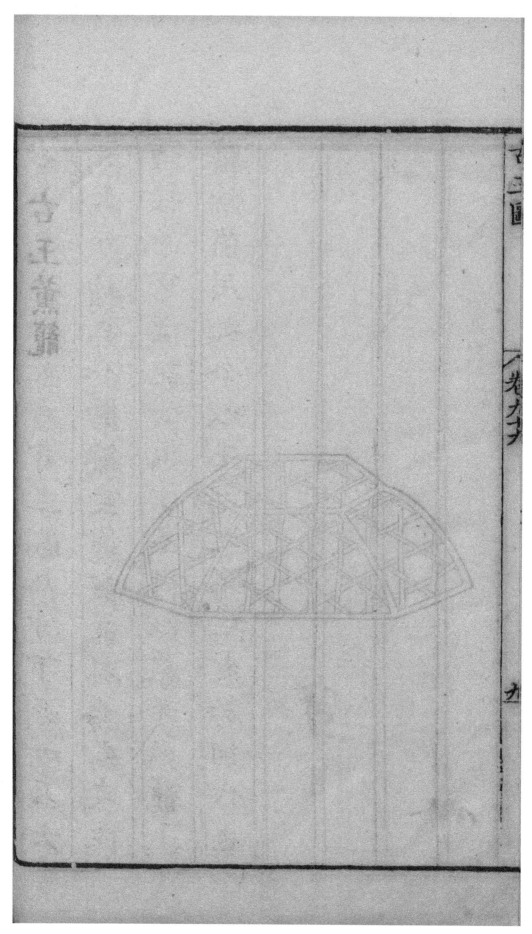

右薰籠高一尺六寸上濶八寸下濶一尺六寸六方為式八面鏤空作薰籠聯絡之文臣謹按西京襍記云天子冬月以象牙火籠上籍錦茵用之今以玉為之不知起於何代也

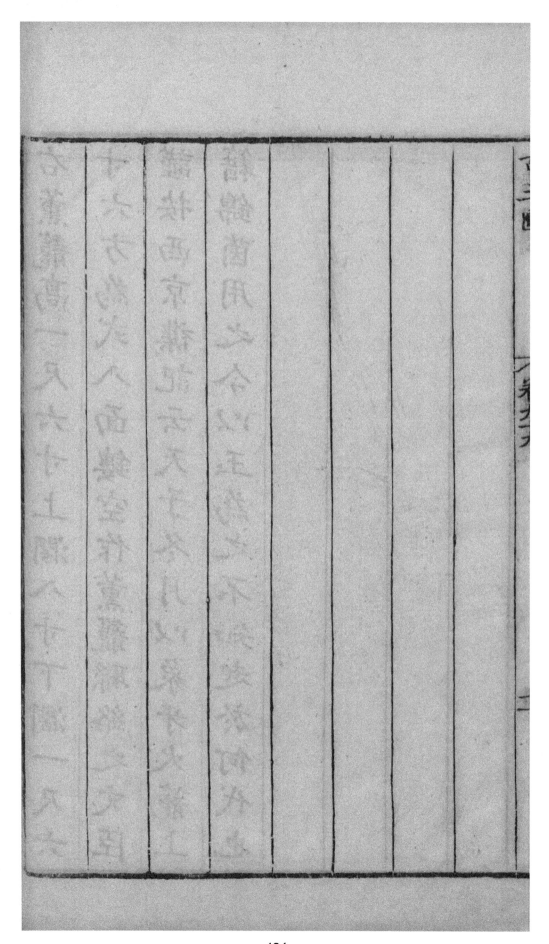

古玉薰籠 二

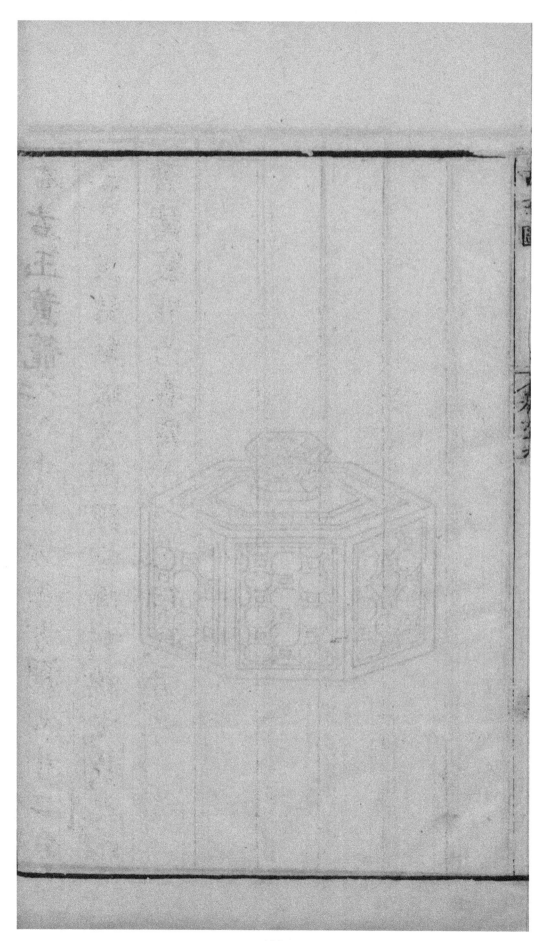

右薰籠高一尺八寸六方每方濶七寸二分玉色淡碧無瑕六面鏤空瑑刻錦文薰之以香諸竅皆出香霧亦一玉琱成者也

宋淳熙敕編古玉圖譜第九十九冊 終

宋淳熙敕編古玉圖譜第一百冊

古玉魚龍琱文缸

古玉魚龍珮文觥

臣蔣溥敬繪古玉圖譜第十四冊

右玉缸高三尺六寸圓徑六尺四寸厚七分五厘玉色瑩白璊斑苔花間錯青翠朱黄之色爍然其尤異者魚青水碧雲赤龍黄各具一色絕無假借點注之微真希世之珍也

古玉雲龍琱文甕

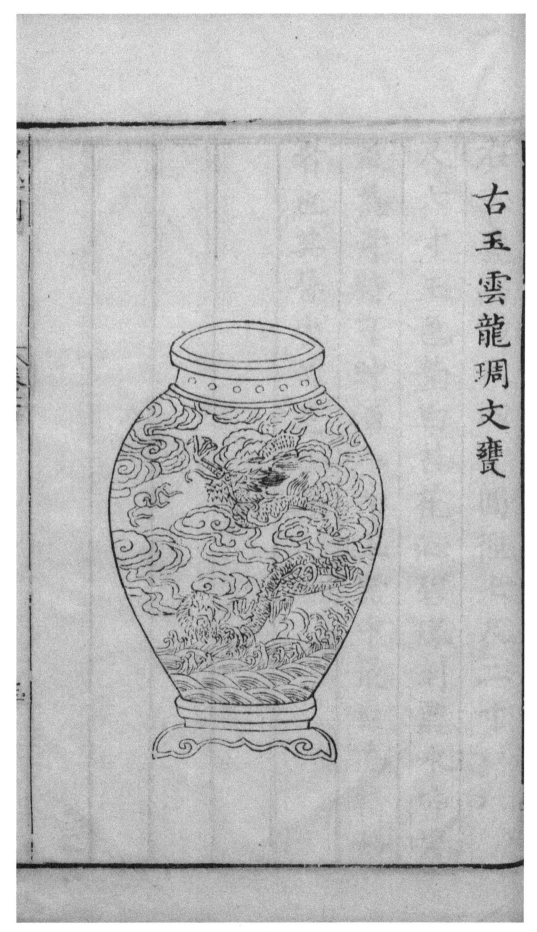

卷三

三

右玉甕高四尺四寸圓徑七尺二寸口徑三尺六寸玉色瑩白菭花沁碧瑑刻龍水皆碧最為奇特可貯酒八斗玉器中最巨而精妙者也其晉唐之遺珍歟

古玉花觚 一

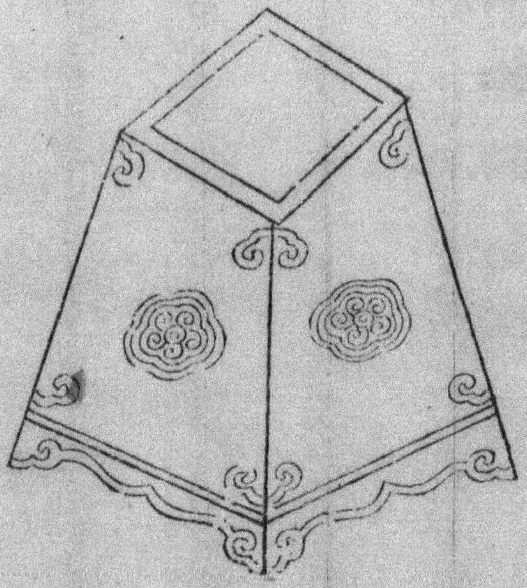

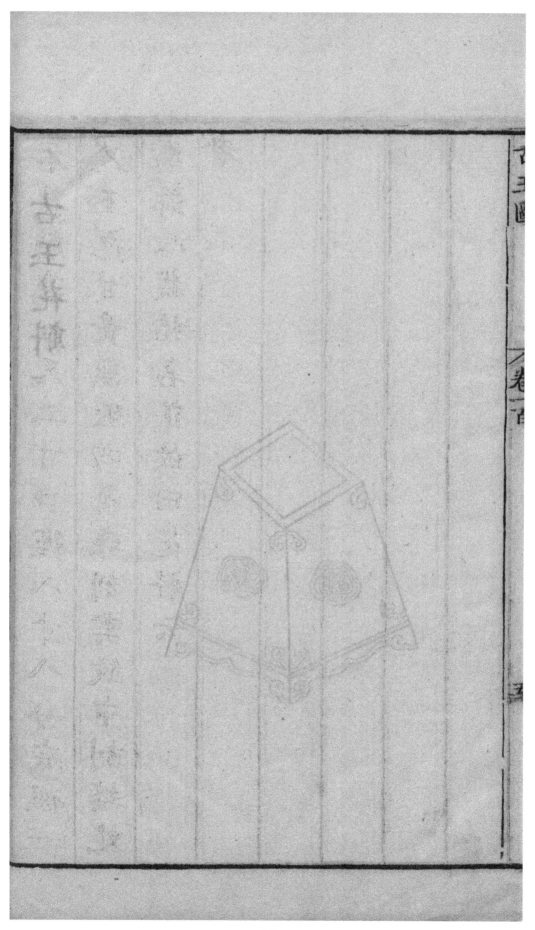

石花斛高一尺二寸口徑八寸八分底徑一尺玉色甘黄無瑕四角瑑刻雲紋中刻蟠虬為飾以栽植名花故曰花斛云

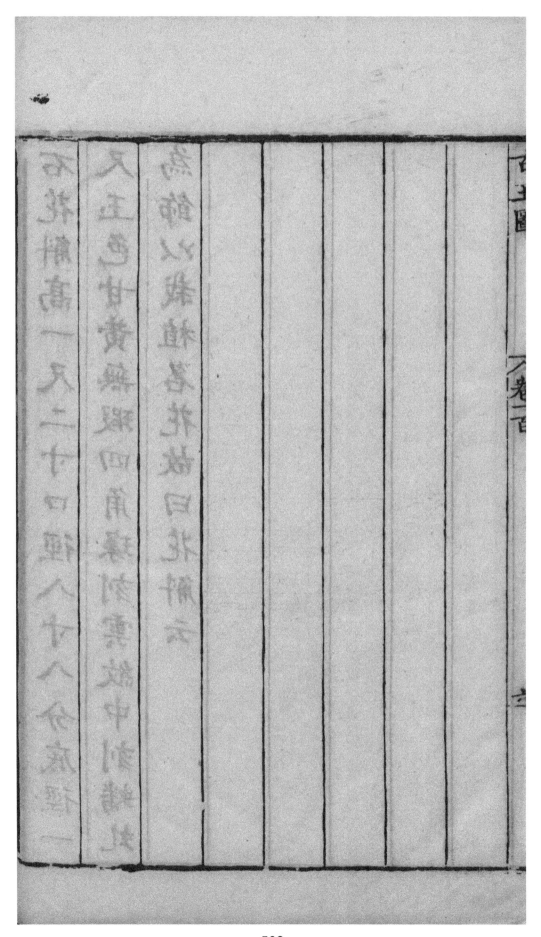

古玉花斛二

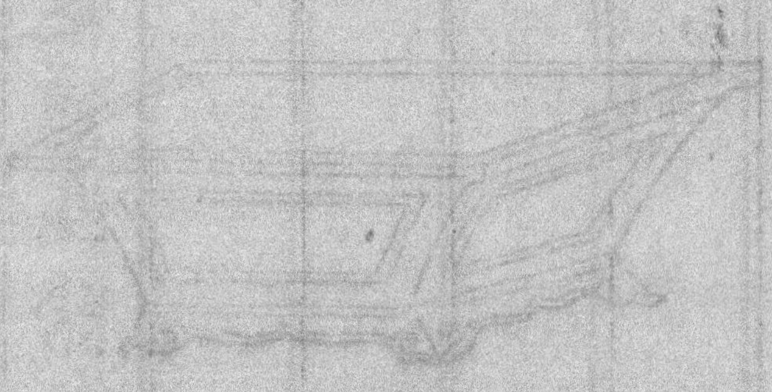

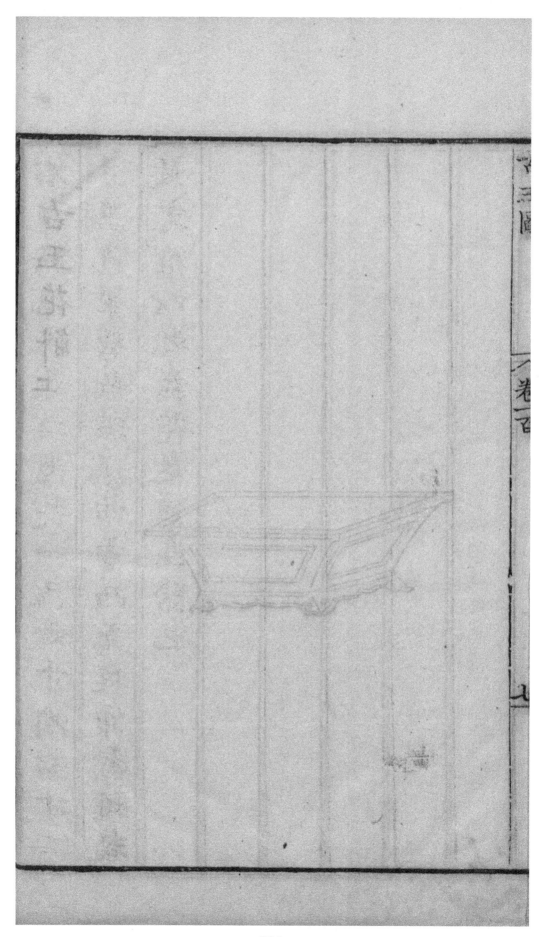

右花斛高八寸口徑長一尺六寸濶七寸二分玉色翠碧無瑕瑑四方凸面足作雲頭式最文雅以之栽花足稱佳器也

古玉琱文盆

古玉菊稜盆

右玉盆高六寸深五寸二分圓徑一尺六寸玉色純紫無瑕瑑刻寶相花紋精鏤可愛盖前唐近代物也
一玉盆高五寸深四寸六分圓徑一尺八寸玉色甘黄無瑕盆式刻作菊稜古雅可玩亦唐物也

古玉儀稜盆

古玉磬口盆

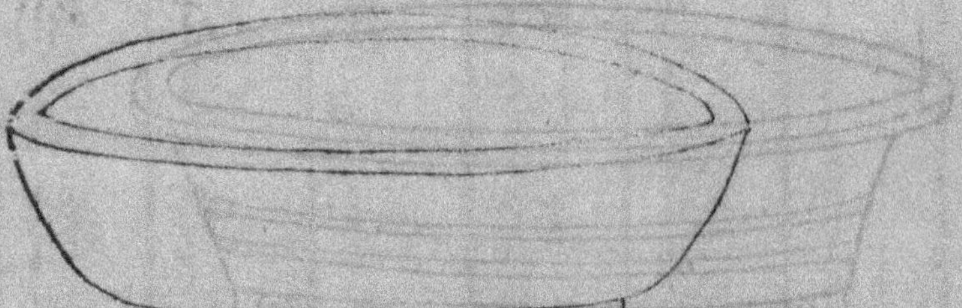

右玉盆高六寸八分深六寸二分圓徑二尺
二寸玉色微青白琢刻儀稜而生四足可以
貯氷浸涼瓜果夏月所宜用也
一玉盆高四寸九分深四寸三分圓徑一尺
七寸玉色翠碧無瑕式範醇古晉唐時物也
文林郎翰林院脩撰兼攝太常禮儀院使賜緋魚袋臣錢萬選奉勅書字

宋淳熙三年三月臣龍大淵等奉敕編

纂古玉圖譜共一百冊

宋淳熙敕編古玉圖譜第一百冊 終